八閩文庫

八閩文庫

要籍選刊

71

游定夫先生集

[宋] 游酢 撰

郭曉東 點校

海峽出版發行集團
THE STRAITS PUBLISHING & DISTRIBUTING GROUP
福建人民出版社

八閩文庫編纂委員會

顧　問

袁行霈　樓宇烈　安平秋　陳祖武　楊國楨　周振鶴

主　任

葛兆光　張　帆

委　員（以姓氏筆畫排序）

丁荷生（Kenneth Dean）　方寶川　杜澤遜　李　岩　吴　格

汪征魯　宋怡明（Michael Szonyi）　林　彬　林繼中　陳支平

陳紅彦　陳慶元　商　偉　張志清　張善文　葉建勤　傅　剛

鄭振滿　漆永祥　稻畑耕一郎　劉　石　劉躍進　盧美松

顧　青

八閩文庫編輯中心

主任

林彬

成員

鄧詩霞　劉亞忠　孫漢生　茅林立　宋一明　江中柱　史霄鴻

林頂　王金團　連天雄　江叔維　楊思敏　盧爲峰　張華金

林玉平　林濱　魏清榮　魏芳　莫清洋　陳楷根　祝玲鳳

曾子鳴　余明建　林淑平

八閩文庫總序

葛兆光　張　帆

一

在傳統中國的文化史上，福建算是後來居上的區域。經歷了東晉、中唐、南宋幾次大移民潮，浙、閩之間的仙霞嶺，早已不是分隔内外的屏障，而成了溝通南北的通道。歷史使得福建越來越融入華夏文明之中，唐宋兩代，特别是在「背海立國」的宋代，東南的經濟發達，海洋的地位凸顯，福建逐漸從被文明中心影響的邊緣地帶，成爲反向影響全國文明的重要區域。在七世紀的初唐，詩人駱賓王曾説「龍章徒表越，閩俗本殊華」（駱臨海集箋注卷二晚憩田家，陳熙晉箋注，上海古籍出版社一九八五年，第三六頁），前一句説的是華夏的衣冠對斷髮文身的越人没有用，後一句説的是閩地的風俗本來就與華夏不同，意思都是瞧不起東南。但是，到了十五世紀的明代中期，黄仲昭在弘治八閩通志序裏卻説，八閩雖爲東南僻壤，但自唐以來文化漸盛，「至宋，大儒君子接踵而出」，實際上它的文明程度，已經「可以不愧於鄒魯」（四庫全書存目叢書史部一七七册，齊魯書社一九九六年，第三六四頁）。

的確，自從福建在唐代出了第一個進士薛令之，而且晉江有歐陽詹，福清有王棨，莆田有徐夤、黄滔這些傑出人物之後，到了更加倚重南方的宋代，福建出現了蔡襄（一〇一二—一〇六七）、陳襄（一〇一七—一〇八〇）、游酢（一〇五三—一一二三）、楊時（一〇五三—一一三五）、鄭樵（一一〇四—一一六二）、林光朝（一一一四—一一七八）、朱熹（一一三〇—一二〇〇）、蔡元定（一一三五—一一九八）、陳淳（一一五九—一二二三）、真德秀（一一七八—一二三五）等一大批著名文人士大夫。這些出身福建或流寓福建的士人學者，大大繁榮和提升了這裏的文化，甚至使得整個中國的文化重心逐漸南移，也許，就像程顥説的那樣「吾道南矣」（宋史卷四二八道學楊時傳，中華書局一九七七年，第一二七三八頁）。也就是説宋代之後，原本偏在東南的福建，逐漸成了中國重要的文化區域。

不過，習慣於中原中心的學者，當時也許還有偏見。以來自中心的偏見視東南一隅的福建，那時福建似乎還是「邊緣」。雖然人們早已承認福建「歷宋逮今，風氣日開」

（黄虞稷閩小紀序，撰於康熙五年，續修四庫全書史部七三四册，上海古籍出版社二〇〇二年，第一二七頁），但有的中原士人還覺得福建「僻在邊地」。像北宋樂史的太平寰宇記，一面承認「此州（福州）之才子登科者甚衆」，一面仍沿襲秦漢舊説，稱閩地之人「皆蛇種」，並引十道志説福建「嗜欲、衣服，别是一方」（樂史太平寰宇記卷一〇〇江南東道一二，中華書局二〇〇七年，第一九九一頁）。所以，歷史上某些關於福建歷史、文化和風俗的著作，似乎還在以中原或者江南的眼光，特别留心福建地區與核心區域不同的特異之處，筆下一面凸顯異域風情，一面鄙夷南蠻鴃舌。但是從大的方面説，我們看到宋代以降，實際上福建與中原的精英文化越來越趨向同一，正如宋人祝穆方輿勝覽所説，「海濱幾及洙泗，百里三狀元」，前一句裏所謂「洙泗」即孔子故鄉，這是説福建沿海文風鼎盛，幾乎趕得上孔子故里；後一句裏「三狀元」是指南宋乾道年間福建登第的三個狀元，即乾道二年（一一六六）的蕭國梁、乾道五年的鄭僑和乾道八年的黄定，他們都是福建永福（今永泰）這個地方的人（祝穆新編方輿勝覽卷一〇，施和金點校，中華書局二〇〇三年，第一六三頁）。

文化漸漸發達，書籍或者文獻也就越來越多，福建文獻的撰寫者中不僅有本地人，也有流寓或任職於閩中的外地人。日積月累，這些文獻記録了這個多山臨海區域千年的文化變遷史，而八閩文庫的編纂，正是把這些文獻精選並彙集起來，爲現代人留下唐宋以來有關福建的歷史記憶。

二

福建鄉邦文獻數量龐大，用一個常見的成語説，就是「汗牛充棟」。那麼多的文獻，任何歸類或敘述都不免挂一漏萬。不過，我們這裏試圖從區域文化史的角度，談一談福建文獻或書籍史的某些特徵。

毫無疑問，中國各個區域都有文獻與書籍，秦漢之後也都大體上呈現出華夏同一思想文化的底色，但各區域畢竟有其地方特色。如果我們回溯思想文化的歷史，那麼，唐宋之後福建似乎也有一些特點。恰恰因爲是後來居上的文化區域，所以福建積累的傳統包袱不重，常常會出現一些越出常軌的新思想、新精神和新知識。這使得不少代表新思想、新精神和新知識的人物與文獻，往往先誕生在福建。衆所周知的方面之一，就是宋代儒家思想的變遷。應當説，宋代的理學或者道學，最初乃是一種批判性的新思潮，一些儒家士大夫試圖以屬於文化的「道理」鉗制屬於政治的「權力」，所以，極力强調

「天理」的絶對崇高，人們往往稱之爲道學或理學，也根據學者的出身地叫作「濂洛關閩之學」。其中，「閩」雖然排在最後，卻應當説是宋代新儒學的高峰所在，以至於後人乾脆省去濂溪和關中，直接以「洛閩」稱之（如清代張夏雒閩源流録），以凸顯道學正宗，恰在洛陽的二程與福建的朱熹，而道學最終水到渠成，也正是在福建。因爲宋代道學集大成的代表人物朱熹，雖然祖籍婺源，卻出生在福建，而且相當長時間在福建生活。他的學術前輩或精神源頭，號稱「南劍三先生」的楊時、羅從彦（一〇七二—一一三五）、李侗（一〇九三—一一六三），也都是南劍州即今福建南平一帶人，他的提攜者之一陳俊卿（一一一三—一一八六），則是興化軍即今莆田人，而他的最重要的弟子黄榦（一一五二—一二二一）是閩縣（今福州）人、陳淳是龍溪（今龍海）人。

正是在這批大學者推動下，福建逐漸成爲圖書文獻之邦。慶元元年（一一九五），朱熹在福州州學經史閣記中曾經説，一個叫常濬孫的儒家學者，在福州地方軍政長官詹體仁、趙像之、許知新等資助下，修建了福州府學用來藏書的經史閣，即「開之以古人數學之意，而後爲之儲書，以博其問辨之趣」（朱文公文集卷八〇，朱子全書第二四册，上海古籍出版社、安徽教育出版社二〇一〇年，第三八一四頁）。宋代之後，經由近千年的日積月累，我們看到福建歷史上出現了相當多的儒家論著，也陸續出現了有關儒家思想的普及讀物。大家可以從八閩文庫中看到，這裏收錄的不僅有朱熹、真德秀、陳淳的著述，也有明清學者詮釋理學思想之作，像明人李廷機性理要選、清人雷鋐雷翠庭先生自恥錄等等，應當說，這些論著構成了一個歷經宋元明清近千年的福建儒家文化史。

三

說到福建地區率先出現的新思想、新精神和新知識，當然不應僅限於儒家或理學一系。更應當記住的是，從宋代以來，中國政治、經濟和文化的重心，逐漸從西北轉向東南，一方面由於中原文化南下，被本地文化激蕩出此地異端的思想，另一方面海洋文明東來，同樣刺激出東南濱海的一些更新的知識。

我們注意到，在福建文獻或書籍史上，呈現了不少過去未曾有的新思想、新精神和新知識。比如唐宋之間，福建不僅出現過譚峭（生卒年不詳）化書這樣的道教著作，也出現過像百丈懷海（約七二〇—八一四）、潙山靈佑（七七一—八五三）、雪峰義存（八二二—九〇八）那樣充滿批判性的禪僧，還出現過禪宗史上撰於泉州的最重要禪史著作祖堂集。又如明代中後期，那個驚世駭俗而特立獨行的李贄（一五二七—一六〇二）,有人説他的獨特思想,就是因爲他生在各種宗教交匯融合的泉州,傳説他曾受到伊斯蘭教之影響,當然更因爲有佛教與心學的刺激,使他成了晚明傳統思想世界的反叛者。而另一個莆田人林兆恩（一五一七—一五九八）,則是乾脆開創了三一教,提倡「三教合一」,也同樣成爲正統的政治意識形態的挑戰者。再如明清時期,歐洲天主教傳教士「梯航九萬里」,也把天主教傳入福建,特别是明末著名傳教士艾儒略（一五八二—一六四九）應葉向高（一五五九—一六二七）之邀來閩傳教二十五年,從而福建才會有「三山論學」這樣的思想史事件,也産生了三山論學記這樣的文獻,無論是葉向高,還是謝肇淛,這些思想開明的福建士大夫,多多少少都受到外來思想的刺激。最後需要特别提及的是,由於宋元以來,福建成爲向東海與南海交通的起點,所以,各種有關海外的新知識,似乎都與福建相關,宋代趙汝适撰寫諸蕃志的機緣,是他在泉州市舶司任職;元代汪大淵撰寫島夷志略的原因,也是他從泉州兩度出海。由於此後福州成爲面向琉球的接待之地,泉州成爲南下西洋的航綫起點,因而福建更出現了像張燮東西洋考、吴朴渡海方程、葉向高四夷考、王大海海島逸志等有關海外新知的文獻,這一有關海外新知的知識史,一直延續到著名的林則徐四洲志。老話説「草蛇灰綫,伏脈千里」,歷史總有其連續處,由於近世福建成爲中國的海外貿易和海上交通的中心,所以,這裏會成爲有關海外新知識最重要的生産地，這才能讓我們深切理解，何以到了晚清，福建會率先出現沈葆楨開辦面向現代的船政學堂，出現嚴復通過翻譯引入的西方新思潮。

甚至還可以一提的是，近年來福建霞浦發現了轟動一時的摩尼教文書，這些深藏在道教科儀抄本中的摩尼教資料，説明唐宋元明清以來，福建思想、文化和宗教在構成與傳播方面的複雜性和多元性。所以，在八閩文庫中，不僅收録了譚峭化書，李贄焚書續焚書、藏書續藏書，林兆恩林子會編等富有挑戰性的文獻，也收録了張燮東西洋考、趙新續琉球國志略等關係海外知識的著作，讓我們看到唐宋以來，福建歷史上新思想、新精神和新知識的潮起潮落。

四

在八閩文庫收録的大量文獻中，除了福建的思想文化與宗教之外，也留存了有關福建政治、文學和藝術的歷史。如果我們看明人鄧原岳編閩中正聲、清人鄭杰編全閩詩録收録的福建歷代詩歌，看清人馮登府編閩中金石志、葉大莊編閩中石刻記、陳棨仁編閩中金石略中收録的福建各地石刻，看清人黄錫蕃編閩中書畫録中收録的唐宋以來福建書畫，那麼，我們完全可以同意歷史上福建的後來居上。這正如陳衍（一八五六—一九三七）在閩詩錄的序文中所説「余維文教之開，吾閩最晚，至唐始有詩人，至唐末五代中土詩人時有流寓入閩者，詩教乃漸昌，至宋而日益盛」（續修四庫全書集部一六八七册，第四一一頁）。可見，宋史地理志五所説福建人「多向學，喜講誦，好爲文辭，登科第者尤多」，「今雖閭閻賤品處力役之際，吟詠不輟」（杜佑通典州郡十二），真是一點兒不假。

清代學者朱彝尊（一六二九—一七〇九）曾説「閩中多藏書家」（曝書亭集卷四四淳熙三山志跋，四部叢刊初編集部二七九册，上海書店一九八九年，第六〇一頁）。千年以來的人文日盛，使得現存的福建傳統鄉邦文獻，經史子集四部之書都很豐富，翻檢八閩文庫，就可以感覺到這一點，這裏不必一一敘説。需要特別指出的是，福建歷史上不僅有衆多的文獻留存，也是各種書籍刊刻與發售的中心之一。福建多山，林木蒽蘢，具備造紙與刻書的有利條件，從宋元時代起，福建就成爲中國書籍出版的中心之一。宋元時代福建的所謂「建本」或「麻沙本」曾經「幾遍天下」（葉夢得石林燕語卷八，侯忠義點校，中華書局一九八四年，第一一六頁），更有所謂「麻沙、崇安兩坊産書，號稱『圖書之府』」的説法（新編方輿勝覽卷一一，第一八一頁）。版本學家也許將它與蜀本、浙本對比，覺得它並不精緻，但是，從書籍流通與文化貿易的角度看，正是這些廉價圖書，使得很多文化知識迅速傳向中國四方，也深入了社會下層。淳熙六年（一一七九），朱熹在建寧府建陽縣學藏書記中曾説到，「建陽版本書籍行四方，無遠不至」，可當時嘉禾縣學居然藏書很少，「學於縣之學者，乃以無書可讀爲恨」，於是一個叫姚耆寅的知縣，就「鬻書於市，上自六經，下及訓傳、史記、子、集，凡若干卷以充入之」。當地刊刻的書籍，豐富了當地學者的知識，也增加了當地文獻的積累，甚至扭轉了當地僅僅重視「世儒所誦科舉之業」的風氣（朱文公文集卷七八，朱子全書第二四册，第三七四五頁），這就是一例。到了清代，汀州府成爲又一個書籍刊刻基地，近年特别受到中外學者注意的四堡，就是一個圖書出版和發行中心，文獻記載這裏「以書版爲産業，刷就發販，幾半天下」（咸豐長汀縣志卷三一物産）。所以，美國學者包筠雅（Cynthia J. Brokaw）文化貿易：清代至民國時期四堡的書籍交易（劉永華、饒佳榮等譯，北京大學出版社二〇一五年）就深入研究了這個位於汀州府長汀、清流、寧化、連城四縣交界地區的客家聚集區的書籍事業，繼承宋元時代建陽地區（如麻沙）刻書業，這裏再一次出現中國書籍出版史上佔據重要位置的福建書商群體。

可以順便提及的是，福建刻書業也傳至海外。福建莆田人俞良甫，元末到日本，由九州的博多上岸，寓居在京都附近的嵯峨，由他刻印的書籍被稱爲「博多版」。據説，俞氏一面協助京都五山之天龍寺雕印典籍，一面自己刻印各種圖書，由於所刊雕書籍在日本多爲精品，所以被日本學者稱爲「俞良甫版」。

從建陽到汀州，福建不僅刊刻了精英文化中的儒家九經三傳、諸子百家以及文選、文獻通考、賈誼新書、唐律疏議之類的典籍，也刊刻了很多大衆文化讀本，諸如西廂記、花鳥爭奇和話本小説。特别在明清兩代書籍流行的趨勢和作爲商品的書籍市場的影響下，蒙學、文範、詩選等教育讀物，風水、星相、類書等實用讀物，小説、戲曲等文藝讀物，在福建大量刊刻。如果我們不是從版本學家的角度，而是從區域文化史的角度去看，這種「易成而速售」（石林燕語卷八，第一一六頁）的書籍生産方式，使得各種文獻從福建走向全國甚至海外，特别是這些既有精英的、經典的，也有普及的、實用的各種知識的傳播，是否正是使得華夏文明逐漸趨向各地同一，同時也日益滲透到上下日常生活世界的一個重要因素呢？

五

八閩文庫的編纂，當然是爲福建保存鄉邦文獻，前面我們説到，保存鄉邦文獻，就是爲了留住歷史記憶。

這次編纂的八閩文庫，擬分爲三個部分。第一部分是「文獻集成」，計劃選擇與收録唐宋以來直到晚清民初的閩人各種著述，以及有關福建的文獻，共一千餘種，這部分採取影印方式，以保存文獻原貌。這是八閩文庫的基礎部分，按傳統的經史子集四部分類，這是爲了便於呈現傳統時代福建書籍面貌，因而數量最多；第二部分是「要籍選刊」，精選一百三十餘種最具代表性的閩人著述及相關文獻，以深度整理的方式點校出版，不僅爲了呈現歷代福建文獻中的精華，也爲了便於一般讀者閲讀；第三部分則爲「專題彙編」，初步擬定若干類，除了文獻總目之外，還將包括書目提要、碑傳集、宗教碑銘、官員奏摺、契約文書、科舉文獻、名人尺牘、古地圖等，我們認爲，這是以現代觀念重新彙集與整理歷史資料的一個新方式，它將無法納入傳統的四部分類，卻是對理解福建文化與歷史至關重要的文獻，進行整理彙集，必將爲研究與理解福建，提供更多更系統的資料。

經歷幾年討論與幾年籌備，八閩文庫即將從二〇二〇年起陸續出版，力爭用十年時間，經過一番努力，打下一個比較完備的福建文獻的基礎。

當然，不能説八閩文庫編纂過後，對於福建文獻的發掘與整理就已完成。八閩文庫僅僅是我們這一兩代人的工作，還有更多或更深入的工作，在等待著未來的幾代人去努力。無論從舊材料中發現新問題，還是以新眼光發現新材料，都是建立在前人的基礎上，而又對前人的工作不斷修正完善的過程。還是朱熹寫給陸九齡的那句廣爲流傳的老話：「舊學商量加邃密，新知培養轉深沉。」用舊的傳統融會新的觀念，整理這些縱貫千年的歷史文獻，也就無論「人間有古今」了。

八閩文庫要籍選刊出版説明

福建自唐代以降，名家輩出，著述繁興，流傳千載，聲光燦然。遺存之文獻，多可彰顯福建歷史發展脈絡，展示前賢思想學術及文學藝術成就，爲研究福建區域文化之基本典籍。八閩文庫「要籍選刊」擇取重要之閩人著作及相關福建文獻百數十種，予以點校。其中具備條件者，將採用編年、箋注、校證等方式整理。諸書略依經史子集分部編次，陸續出版。

二〇二一年八月

目次

整理前言……郭曉東 一
校刊游定夫先生集序……方宗誠 七
游定夫先生集目録……九
游定夫先生集卷首
本傳……一一
墓誌……一三
年譜……一七
諸儒論述……二三
游定夫先生集卷一
論語雜解……二七
游定夫先生集卷二
孟子雜解……六一
游定夫先生集卷三
中庸義……六七
游定夫先生集卷四
易説……九七
詩二南義……一三二
游定夫先生集卷五
録二程先生語……一三五

游定夫先生集卷六
遺文……一四九
遺詩……一六三
游定夫先生集卷末
附録……一六七
點校本附録……一七八

整理前言

游定夫先生集六卷，宋游酢撰。酢字定夫，建州建陽禾平里（今福建建陽麻沙鎮長坪村）人，生於仁宗皇祐五年（1053），卒於徽宗宣和五年（1123）。初從程顥學，後又從學程頤，爲二程門下的四大弟子之一，學者稱廌山先生，又稱廣平先生。神宗元豐五年（1082）進士，調越州蕭山尉。哲宗元祐元年（1086），召爲太學録，改宣德郎，除博士。二年，以食貧待次，奉親不便，就擬知河清縣。四年，范純仁守潁昌，辟爲府學教授。七年，范純仁入相，復爲博士。紹聖二年，純仁罷，酢亦請外，除簽書齊州判官廳公事，元符二年（1099）調泉州簽判，三年，召爲監察御史。徽宗崇寧元年（1102），出知和州。四年，管勾南京鴻慶宫，居太平州。政和元年（1111），知漢陽軍。七年，知舒州。宣和元年，知濠州。罷歸，寓歷陽。五年，卒，年七十一。謚「文肅」。

楊時在御史游公墓誌銘中稱游氏的著作有「中庸義一卷、易説一卷、詩二南義一卷、論語孟子雜解各一卷、文集十卷，藏於家」。王稱著東都事略稱游氏有「中庸義、易說、二南義、論孟新解各一卷，文集十卷」。游氏有關易、詩、中庸、論語、孟子之解說，宋代均有刊行。惟文集十卷，晁公武郡齋讀書志與陳振孫直齋書録解題均不見著録，或晁、陳兩人均未經眼。南宋尤袤遂初堂書目著録有游定夫集，不録卷數，但至少說明宋代當有文集的刻本傳世。元人所編的宋史藝文志録游酢文集十卷，與楊時在墓誌銘中所說的正合。不過，宋、元所刊的游氏著作，均未有流傳。

明萬曆二十八年（1600），建陽知縣魏應時重修縣志，延請閩縣藏書家徐𤊹參贊其事。徐氏於紅雨樓題跋卷一中稱：「庚子歲，建陽令魏公命修縣志，將以游、劉、朱、蔡、熊作五世家。游氏子孫抄録祖先事實，送余採擇。廌山先生爲吾閩道學之祖，其所著作，固不止此，此特百之一也。」又徐氏家藏書目著録「游酢廌山集二卷」，此二卷本很有可能是徐氏據游酢子孫所送呈的游氏著作中的文集編輯而成，然此書亦不傳。

傳世游酢的文集均爲清人輯刊而成。清康熙四十七年（1708），福建巡撫張伯行始編輯刊刻游酢文集，民國福建通志藝文志引陳衍石遺室書録云：「張伯行原刊本。」然張伯行刊本不見於正誼堂全書，亦不傳於世。乾隆七年（1742），游酢二十世孫游廷馨在建陽廌山書院刊游氏文集，此書原刊本已不存。十一年，游氏十九世孫游文遠及其子游端柏增補重修，題名游廌山先生集八卷，其中卷首四卷，本集四卷，附録一卷。三十七年，游端柏及其子游上衢重刻於建陽廌山書院。道光二十一年(1841)重修，同治三年(1864)補刊，增益爲十卷。同治九年，裔孫游鳳臺重刊宋游文肅公全集八卷。以上諸本，雖多次重刊補刻，但並無明顯增益，今人方彦壽認爲均源於建陽廌山書院刊本，此説是。

同治六年，新化游智開任和州知府，延請桐城方宗誠重新校理游酢著作。方宗誠據乾隆十一年游文遠本重編卷次，補訂缺誤，成游定夫先生集六卷，另有首一卷，末一卷，此即和州官舍本。和州本首一卷收録本傳、墓誌銘、年譜與諸儒論述，卷一爲論語雜解，卷二爲孟子雜解，卷三爲中庸義，卷四爲易説、詩二南義，卷五爲録二程先生語，卷六爲遺文、遺詩，末一卷爲附録。

此外又有四庫全書本。四庫本共四卷，首以論語雜解、中庸義、孟子雜解爲一卷，次易説、詩二南義爲一卷，次師語、師訓爲一卷，次以文七篇、詩十三首，附以墓誌、年譜爲一卷，四庫館臣定名爲游廌山集。四庫全書總目著録爲福建巡撫採進本。四庫本的底本爲游氏家藏本，即今國家圖書館所藏之清鈔本，此本多一卷首，收録本傳、御史游公傳略並贊。

上述各本雖有四卷、六卷、八卷、十卷之不同，但基本上都是雜取游氏經解、語録、遺文、遺詩哀合成篇，正如四庫館臣所稱，「蓋後人掇拾重編，不但非其原本，且並非完書矣」。諸本之中，建陽廌山書院刊各本相對蕪雜，方宗誠所校編的和州官舍本游定夫先生集最稱精善。莫友芝郘亭知見傳本書目稱其「較清整」，胡玉縉四庫提要補正謂「是集當以是本爲最完善」。與各本相較，和州本的特色有如下幾個方面：第一，以清代莫友芝從禮記集説中所輯出的中庸義代替各本從中庸輯略中所輯出的中庸義。游氏中庸義無單獨傳本，南宋石子重將該書編入中庸集解中。後朱熹編中庸輯略，對石氏集解作了大量删節，使得游氏中庸義所存者逮不及半。所幸南宋衛湜作禮記集説，相對完整地保留了石氏中庸集解的原貌。莫友芝據禮記集説輯成校刊中庸集解，方宗誠校編游氏遺著，又移用莫氏輯文以代替輯自中庸輯略的中庸義，從而使得和州本的中庸義較其他諸本要完整得多。第二，和州本卷一至卷三所收的論語雜解、孟子雜解與中庸義，方宗誠均附上朱子四書或問相關條文，從而使讀者在閱讀游氏遺著時可以更方便地參考朱子對游氏説的評價。第三，諸本有師語、師訓一卷，其中師語分五節，分别輯自朱子編二程遺書的四、五、六、七、八卷，方宗誠以爲朱子明説「卷四原題游定夫所録，則其爲先生書無疑」，但卷五、卷六、卷七、卷八，「不知何人所記」，非游酢所録無疑，是以爲方氏所刊去。

本次整理游定夫先生集，以復旦大學圖書館藏同治六年和州官舍本爲底本，以清鈔本與四庫本爲校本，并他校龜山先生集（明萬曆十九年林熙春刻本）、重校鶴山先生大全文集（四部叢刊本）、四書或問（清康熙寶誥堂刻本）、朱文公文集（宋浙本）、論孟精義（清康熙寶誥堂朱子遺書二刻本）、朱子語類（明成化九年陳煒刻本）、中庸集解（清道光莫氏影山草堂本）、大易粹言（宋淳熙三年舒州公使庫本）、程氏遺書外書（明嘉靖三年廣西提學副使李中刊本）、張南軒先生文集（清康熙四十五年華氏劍光書屋本）、勉齋先生黄文肅公集（元刻延祐二年重修本）。底本避清諱，如改「弘」爲「宏」、「胤」爲「允」、「寧」爲「甯」、「淳」爲「湻」，皆回改不出校。底本多用篆文楷化字，如「灋」「㤅」「臤」「厶」「緐」等，適當統一爲通行字體。由於整理者學力所限，疏漏略多，亦於此就正於方家。歲次癸卯霞浦郭曉東於復旦大學工作室。

校刊游定夫先生集序

新化游子代刺史權篆和州，其爲政務以興廢舉墜、化民敦俗爲先。既嘗修理游定夫先生墓於含山昇城鄉，捐俸買田以奉祀事，復得先生裔孫文遠所刻廌山集，重付剞劂。蓋不特使其士民過墓生欽，以無忘前賢之遺愛；又將使學者讀先生遺書，考其言行，而求其學道愛民之所以然者，以爲師法也。書來屬宗誠校正脱誤。既卒業，竊以先生之學，親受於兩程夫子之門，與楊、謝、尹、吕諸公俱稱高第弟子。其所著論、孟、中庸諸解，朱子皆取入精義、集註、章句、集略之中，而詩義、易義，歷朝欽定諸書亦頗採其説，頒之學宫，以爲典憲。所録二程先生語，朱子編次遺書，俱深取之。而其政事絶人，又屢見於諸儒之稱述。信乎其爲體立用行之醇儒也已。雖其立言間有小疵，爲朱子或問之所駁難，然嘗即先生之書玩之，蓋第本其躬行心得之言以説經，故間與經之文義不相應。朱子註經，必其不背於聖賢之本意，故凡自率其胸臆之説者，不得不嚴辨之。此釋經之體則然。若舍是而觀先生之言，則足資感發者固已多矣。且夫六經、語、孟諸書，漢唐儒者第汩没于訓詁名物義疏之中，不復深求其義理，以致之於身心家國之用。自二程夫子起，始獨有得于章句箋疏之外，而見聖賢立言之本心。先生及同門諸子互有以發明之，于是經之大體大用始著。朱子繼起，乃合漢唐之訓詁，宋諸儒之義理，擇之極其精，語之極其詳，由是聖賢之經義始如日月經天、江河行地，布帛菽粟之切於人生日用而不可離。譬之農焉，朱子則陳列修治而爲之疆畎者也，然非始有「既勤敷菑」如先生輩者，則朱子一人，又豈易芟柞而耕穫也哉？文遠本缺誤既多，予爲博考旁稽，盡録先生全文，使學者可以考見先生之所得。又附注朱子論難之言，以折衷經之本旨。其他有可徵信者補之，疑者闕之，而舊本卷首及附録之間，文盡爲删削，以歸簡約。嗚呼！先生生當道學未大明之時，獨能奮然興起，立雪程門，以求至道，而見之於政事。雖其所言未盡純，固不失爲豪傑之士也。今程朱之書既行，孔孟六經之旨既已昭明，而學者不知體諸躬而措諸用，徒摹擬于文義之間，以求不失聖賢之旨，雖言之極其肖，實不異優孟之衣冠也。讀先生書者，其亦可以蹶然起矣。同治六年後學桐城方宗誠謹識。

游定夫先生集目録

首卷
　本傳　墓誌　年譜　諸儒論述
第一卷
　論語雜解
第二卷
　孟子雜解
第三卷
　中庸義
第四卷
　易説　詩二南義

第五卷

録二程先生語

第六卷

遺文　遺詩

末卷

附録

同治四年，智開權篆和州，首謁定夫先生墓于含山昇城鄉，爲重修治，買墓田以奉祀事。既桐城孫海岑太守以涇縣洪琴西太守所藏先生集四卷寄示，先生裔孫文遠乾隆丙寅校刊本也。伏讀四庫全書總目云，先生中庸義、易説、詩二南義、論語孟子雜解、文集，本各爲書，此本四卷，「盖後人綴拾重編，不但非其原本，且併非完書矣」。觀其所指，大約與文遠是本相類。因屬桐城方君存之，爲博考旁稽，補訂缺誤。政暇，與友人桐城蕭敬孚復爲校勘，以付梓人。先生於智開爲族祖，今承乏茲土，適爲先生遺愛之鄉。瞻望典型，邈不可追。讀其遺書，願與州人士共，無忘教澤也夫！六年冬十有一月新化游智開謹識。

游定夫先生集卷首

本傳　墓誌　年譜　諸儒論述

宋史本傳

游酢，字定夫，建州建陽人。初與兄醇俱以文行知名，所交皆天下士。程頤見之京師，謂其資可以進道。程顥興扶溝學，招使肄業，盡棄故所習而學焉。第進士，調蕭山尉。近臣薦其賢，召爲太學録。遷博士，以奉親不便，求知河清縣。范純仁守潁昌府，辟府教授。純仁入相，復爲博士，簽書齊州、泉州判官。晚得監察御史。歷知漢陽軍、和舒濠三州而卒。

宋嘉熙二年賜謚誥

皇帝聖旨：國家制爲爵禄以御臣下，生有華寵之命，殁有褒崇之典，始終之道備矣。故朝散大夫、知舒州軍州、管勾神霄玉清萬壽宫、管勾學事兼管内勸農事、借紫金魚袋游酢，言正而行端，德閎而學粹，趨蹡禮樂之場，超卓傳註之表，羣經獨得其趣，諸子莫遁其情，羅綱百家，馳騁千古。進憲臺以率僚屬，推聖學以明大義。士風疏議，足以扶國本于當時；註釋經書，足以開來學于後世。顧功德兼全，宜恩隆之特異。兹稽謚法：「道德博厚謂文，言行端嚴謂肅。」可贈中奉大夫，謚曰「文肅」，主者施行。

楊公龜山御史游公墓誌銘

吾友定夫既没之明年，其子某自歷陽涉大江，詣予而告曰：「先君之友，惟公爲最厚。今既葬，而幽堂之銘無辭以刻，恐遂湮没無傳焉，敢以是請。」予告之曰：「如先公之名德〔一〕，皎如日星，雖奴隸之賤皆知之，其流風餘韻，足以師世範俗，豈待予言而傳乎？然昔在元豐中，俱受業於明道先生兄弟之門，有友一人焉：謝良佐顯道，公其一也。三年之間，二公相繼淪亡，存者獨予而已。追念平生，觸事無一不可悲者。今吾子以銘見屬，舍予其奚之？」公諱酢，定夫其字也，建州建陽人。初與其兄醇俱以文行知名於時，所交皆天下豪英。公雖少，而一時老師宿儒咸推先之。伊川先生以事至京師，一見謂其資可與適道。是時明道先生知扶溝縣事〔二〕，先生兄弟方以倡明道學爲己任，設庠序，聚邑人子弟教之，召公來職學事。公欣然往從之，得

〔一〕如，龜山先生集卷三十三作「知」。
〔二〕龜山先生集無「先生知扶溝縣事」七字。

其微言，於是盡棄故所習而學焉〔一〕。其後得邑河清，予往見之。伊川謂予曰：「游君德器粹然，問學日進，政事亦絶人遠甚。」其在師門見稱如此，則所造可知矣。公於元豐五年登進士第〔二〕，調越州蕭山尉。用侍臣薦，召爲太學録，改宣德郎，除博士。公以食貧待次，奉親不便，就擬知河南府河清縣。忠宣范公判河南，待以國士，事有疑議，必與之參訂。移守潁昌，辟公自隨爲府學教授。未幾還朝，復秉國政，即除公太學博士。已而忠宣罷政，公亦請外矣。除齊州簽書判官廳公事，用年勞改奉議郎。丁太中公憂，服除，再調泉州簽判。上皇即位，覃恩改承議郎、賜緋衣銀魚袋，還召爲監察御史，磨勘，轉朝奉郎，出知和州。歲餘，管勾南京鴻慶宫，居太平州。兩乞再任，以八寶恩轉朝散郎，磨勘，轉朝請郎，知漢陽軍。磨勘，轉朝奉大夫。以親老，再乞宫祠，除提點成都府長生觀。丁太碩人憂，服除，除知舒州，移知濠州。不數月，會從官謫守衛，罷歸，寓歷陽，因家焉。宣和五年五月乙亥，以疾終於正寢，享年七十有一。是年十二月丙午，與夫人合葬於和州含山縣昇城鄉

〔一〕故所習，龜山先生集作「其學」。

〔二〕五，龜山先生集作「六」。

車轅嶺之原，用治命也。公自幼不羣，讀書一過目輒成誦。比壯，益自力，心傳目到，不爲世儒之習。誠於中，形諸外，儀容辭令，燦然有文，望之知其爲成德君子也。其事親無違，交朋友有信，莅官遇僚吏有恩意。雖人樂於自盡，而無敢慢其令者。惠政在民，戴之如父母，故去則見思，愈久而不忘。筮仕之初，未更事，縣有疑獄，十餘年不能決，公攝邑事，一問得其情而釋之。精練如素宦者，人服其明。比年以來，編民困於征歛，而脩奉祠館〔二〕，市材調夫無虛月，所至騷然。公歷守四郡，處之裕如，雖時有興造，民初不知而事集。此在公，特其粃糠耳，無足道者，故不復縷載。若其道學足以覺斯人，餘潤足以澤天下。遭時清明，不及用而死，此士論共惜之，非予一已之私言也。曾祖尚，祖禮之，不仕。父潛，贈太中大夫〔三〕。娶呂氏，封宜人，有賢行，事舅姑以孝聞，友娣姒，睦婣族，人無間言。公素貧，不治生產。夫人攻苦食淡，能宜其家，則內助多矣，先公三年卒，享年六十有六。子男七人：撝，文林郎，洪州司兵曹事，卒於官；擬、捄、握，皆蚤世；損，迪功

〔二〕祠，原作「祀」，據清鈔本、四庫本及龜山先生集改。
〔三〕太，原作「大」，據清鈔本、四庫本及龜山先生集改。

郎，前授歸州司兵曹事；掞，將仕郎；拂，未仕。皆業儒，世其家。女一人，歸時之子適。孫男三人，女五人。有中庸義一卷、易説一卷、詩二南義一卷、論語孟子雜解各一卷、文集十卷，藏於家。銘曰：嗚呼天乎，故不憖遺。方時清明，哲人其萎。道雖不行，斯文未亡。百世而下，其傳有光。

年譜

宋仁宗皇祐五年癸巳，二月十五日午時，公生於建寧府隋立建安郡，末改泉州。唐建州。宋初隸江南，又隸兩浙，尋以隸福建，陞建寧軍節度，後陞今名建陽之長平。

至和元年甲午，公二歲。改元首年俱書。

嘉祐元年丙申，公四歲。

五年庚子，公八歲。善屬文，人稱神童。

英宗治平元年甲辰，公十二歲。潛心孝經。

神宗熙寧元年戊申，公十六歲。與兄質夫從族父執中於家塾。

三年庚戌，公十八歲。同葉敦禮、施景明從江處中於集公山。

五年壬子，公二十歲。預鄉薦。伊川先生見之京師，謂其資可與適道。八月，明道先生令扶溝，召職學事。

六年癸丑，公二十一歲。禮部試下第，補太學生，歸。

八年乙卯，公二十三歲。預太學薦。

元豐元年戊午，公二十六歲。

四年辛酉，公二十九歲。與楊中立、謝顯道以師禮見明道先生於潁昌。録有明道先生語。

五年壬戌，公三十歲。登黄裳榜進士。

六年癸亥，公三十一歲。調越州蕭山尉。三月，長子撝生。

七年甲子，公三十二歲，赴蕭山任。

八年乙丑，公三十三歲。官蕭山，用侍臣薦，召爲太學録。六月晦，聞明道先生訃，設位哭於寢門，作行狀。七月，次子擬生。

哲宗元祐元年丙寅，公三十四歲。官太學録，改宣德郎，除博士。

二年丁卯，公三十五歲。官博士。以食貧待次，奉親不便，就擬知河清縣。

三年戊辰，公三十六歲。官河清。四月，三子拂生。

四年己巳，公三十七歲。官河清。是時忠宣范公判河南，待以國士，有疑義與之參訂。移守潁昌，辟公自隨爲府學教授。

五年庚午，公三十八歲。任教授。五月，四子損生。

六年辛未，公三十九歲。任教授。

七年壬申，公四十歲。任教授。范公未幾還朝，復秉鈞軸，即除公太學博士。七月，五子掞生。

八年癸酉，公四十一歲。官博士。偕友中立離河清，以師禮見伊川先生於洛，録有伊川先生語。

紹聖元年甲戌，公四十二歲。官博士。六月，六子捄生。

二年乙亥，公四十三歲。官博士。范公罷政，公亦請外，除簽書齊州判官廳公事。十二月，女生。及笄，適中立三子遹。

三年丙子，公四十四歲。官齊州。十月，丁父憂，解官居制。

四年丁丑，公四十五歲。在制。葬太中升叔於寶應寺山。

元符元年戊寅，公四十六歲。在制。築草堂於鷹山之麓。著論孟雜解、中庸義。

二年己卯，公四十七歲。正月，服闋，再調泉州簽判，築水雲寮於武夷之五曲，爲講論之所。著易説、詩二南義。

三年庚辰，公四十八歲。赴泉州任。十一月，上皇即位，召還爲監察御史。

徽宗建中靖國元年辛巳，公四十九歲。官御史，論士風。正月，七子握生。

崇寧元年壬午，公五十歲。官御史。出知和州。

二年癸未，公五十一歲。官和州。

三年甲申，公五十二歲。官和州。歲餘，管勾南京鴻慶宮。
四年乙酉，公五十三歲。任鴻慶宮，居太平州。
五年丙戌，公五十四歲。仍居太平。
大觀元年丁亥，公五十五歲。仍居太平。
二年戊子，公五十六歲，仍居太平。
三年己丑，公五十七歲，仍居太平。
四年庚寅，公五十八歲，仍居太平。
政和元年辛卯，公五十九歲，仍居太平。兩乞再任，知漢陽軍。
二年壬辰，公六十歲。官漢陽。
三年癸巳，公六十一歲，官漢陽。
四年甲午，公六十二歲，官漢陽。以親老，再乞宮祠，除提點成都府長生觀。
五年乙未，公六十三歲。仍提點長生觀。七月，丁太碩人憂，解官居制。
六年丙申，公六十四歲。在制。
七年丁酉，公六十五歲。十月，服闋，除知舒州。
重和元年戊戌，公六十六歲。官舒州。

宣和元年己亥，公六十七歲。官舒州，移知濠州。

二年庚子，公六十八歲。官濠州。不數月，會從官謫守衢，罷歸，寓歷陽，因家焉。

五年癸卯，公七十一歲。五月乙亥二十三日，以疾終於正寢。十二月丙午，用公治命，與夫人吕氏合葬於和州戰國屬楚，秦歷陽縣，晋歷陽郡，後齊和州，隋唐或歷陽郡、或和州，宋因之含山縣車轅嶺之原遂改名察院嶺，文靖楊公誌其墓。

諸儒論述

程明道先生曰：「建州游酢，非昔日之游酢也。固是穎然，資質温厚。南劍州楊時雖不逮酢，然煞穎悟。」

「游酢於西銘，讀之已能不逆於心。言語之外，别立得這箇義理，便道一作「到」中庸矣。」

「新進游、楊輩數人入太學，不惟議論穎異，且動作亦必有異，故爲學中以異類待之。又皆學春秋，愈駭俗矣。」

「觀太學諸生數千人，今日之學，要之，亦無有自信者。如游酢、楊時等二三人游其間，諸人遂爲之警動，敬而遠之。」

「游酢、楊時是學得靈利高才也。」

謝上蔡曰：「昔在二先生門下，伯淳最愛中立，正叔最愛定夫。觀二人氣象亦相似。」

上蔡語録云：「游子問謝子曰：『公於外物，一切放得下否？』謝子謂胡子曰：『可謂切問矣。』胡子曰：『何以答之？』謝子曰：『實向他道就上面做工夫來。』胡子曰：

『如何做工夫？』謝子曰：『凡事須有根。屋柱無根，折卻便倒；樹木有根，雖翦枝條，相次又發。如人要富貴，要他做甚？必須有用處。尋討要用處，病根將來，斬斷便没事。』」

楊龜山曰：「游酢曰：『能戒謹於不覩不聞之中，則上天之載，可循序而進矣。』予曰：『是則然矣。雖然，其序如之何？循之又如何也？荀卿曰「始乎爲士，終也爲聖」，其言是也。而曰「性者惡也，禮者僞也」，然則由士而聖人者，彼亦不知其所循之序矣，可不深思而謹擇乎？』」尹和靖云：「游定夫酢問伊川曰：『「戒慎乎其所不睹，恐懼乎其所不聞」，便可馴致於「無聲無臭」否？』伊川曰：『固是。』後謝顯道良佐問伊川，如定夫之問。伊川曰：『雖即有此理，然其間有多少般數。』謝曰：『既云可馴致，更有何般數？』伊川曰：『如荀子謂「始乎爲士，終乎爲聖人」，此語有何不可？亦是馴致之道。然他卻以性爲惡。桀、紂性也，堯、舜僞也。似此馴致，便大錯了。』又云：「游定夫問伊川：『「戒慎乎其所不睹，恐懼乎其所不聞」，及其至也，至於「無聲無臭」乎？』伊川曰：『馴此可以至矣。』後先生與周恭叔以此語問伊川，伊川曰：『然其間亦豈無事？』恭叔請問。伊川曰：『如荀子云學者「始乎爲士，終乎聖人」，可以明之。』」

語録云：「定夫一日來訪，中立曰：『適從何來？』定夫曰：『某在春風和氣中坐三月而來。』問其所之，乃自明道處來也。試涵泳春風和氣之言，則仁義禮智之人，其發達於聲容色理者，如在目中矣。」

侯師聖曰：「朱公掞見明道於汝，歸謂人曰：『光庭在春風中坐了一箇月。』游、楊初見伊川，伊川瞑目而坐，二子侍立。既覺，顧謂曰：『賢輩尚在此乎？日既晚，且休矣。』及出門，門外之雪深一尺。」

「游定夫忽自太學歸蔡，過扶溝，見伊川。伊川問：『試有期，何以歸也？』定夫曰：『某讀禮，太學以是應試者多，而鄉舉者實少。』伊川笑之。定夫請問。伊川曰：『是未知學也。豈無義無命乎？』定夫即復歸太學，是歲登第。」

胡康侯曰：「宋嘉祐中，有河南二程先生得孟子不傳之學於遺經，以倡天下，而升堂覩奧，號稱高第，在南方則廣平游定夫、上蔡謝顯道、龜山三人是也。」

「昔事定夫先生，未嘗以言色相假。」

時紫芝曰：「朝廷議授游定夫以正言，蘇右丞沮止，毀及伊川。宰相蘇子容曰：『公未可如此。頌觀過其門者，無不肅也。』」

晁氏曰：「游定夫問伊川『陰陽不測之謂神』，伊川曰：『賢是疑了問，是揀難底問？』」

朱子曰：「游定夫德性甚好。」

「游定夫徽廟初爲察院，忽申本臺乞外，如所請，志完駭之。定夫云：『公何見之晚？如公亦豈能久此？』」

「宣和之末，人憂大廈之將顛，或問游定夫以當今可以濟世之人，定夫曰：『陳了翁其人也。』一作：「酢曰：『四海人才不能周知，以所識知，陳了翁其人也。』」

「游、楊諸公皆才高，又博洽，略去二程處參較所疑及病敗處，各能自去求。雖其說有疏略處，然皆通明，不似兼山輩，立論可駭也。」

真西山曰：「昔游先生見西銘，即渙然不逆於心，曰：『此中庸之理也。』明道先生稱其能求之語言之外，近世學者或未喻其旨。愚謂中庸綱領，在性、道、教三言，而終篇之義，無非教人以全天命之性。西銘綱領，亦只在其體、其性之二言，而終篇反復推明，亦欲人不失乾父坤母之所賦予者，爲天地克肖之子而已。故游先生以爲即中庸之理也，豈不信哉。」

魏鶴山曰：「周子奮自南服，超然獨得，以上承孔孟氏垂絕之緒。河南二程子神交心契，相與疏瀹闡明，而聖道復著，曰誠，曰仁，曰太極，曰性命，曰陰陽，曰鬼神，曰義利，綱條彪列，分限曉然，學者始有所準的。於是知身之貴，果可以位天地、育萬物，果可以爲堯、舜，爲周公、仲尼，而其求端用力，又不出乎暗室屋漏之隱、躬行日用之近，亦非若異端之虛寂、百氏之支離也。相與翕然宗之，張、楊、游、吕、侯、謝、尹、張諸儒，口傳面授，至近世朱、張、吕氏推而大之[一]。蓋自道湮民散，千有五六百年而後得所師承。嗚呼，幸哉！」

[一] 張、氏，原脱，據重校鶴山先生大全文集卷四十七補。

游定夫先生集卷一

論語雜解

按墓誌云：「先生著論語孟子雜解各一卷。」其後朱子編輯論孟精義採入之，又爲論孟或問以論定其得失，其極純無疵者則入于論孟集註中。今先生裔孫文遠所刻廌山集，蓋從論孟精義中録出者。予觀朱子中庸輯略，于先生之言頗有删節，則精義中亦未知盡先生之全文否也。然無可攷，姑仍其舊，而附注朱子或問論游氏之言于下，庶學者知所折衷云。

學而時習之章

理也，義也，人心之所同然也。學問之道無他，求其心所同然者而已。「學而時習之」，則心之所同然者得矣，此其所以説也。故曰：「理義之説我心，猶芻豢之説我口。」今試以吾平居之學驗之。若時習於禮，則外貌無「斯須不莊不敬」；時習於樂，則中心無「斯須不和不樂」。無斯須不莊不敬，則慢易之心無自而入，而本心之敬得矣；無斯須不和不樂，則鄙詐之心無自而入，而本心之和得矣。「時習之」，則時有得矣。時有得矣，其爲悦可勝計哉？「流水之爲物也，不盈科不行；君子之志於道也，不成章不達。」故積於中者厚，然後發於外者廣；得於己者全，然後信於人者周。「有朋自遠方來」，則發於外者既已廣，信於人者既已周矣。非夫積厚於中、得全於己者，曷至是哉？此其所以樂也。孟子曰：「令聞廣譽施於身，所以不願人之文繡也。」夫聞譽施諸身，則「美在其中而暢於四支」，夫豈借美於外哉？惟不借美於外，則志願在我，而世之所可願者屏焉。其爲樂也，烏可已耶？蓋君子非樂於朋來也，樂其聞譽有以致之也；非樂其聞譽也，樂其美在其中而暢於四支，有以致聞譽也。然求爲可樂者，亦反諸身而已矣。「不知命，無以爲君子也」，蓋不知命，則「行險以儌幸」，將無所不至，其趨於小人也，孰禦焉？尚何以爲君子乎？若夫尊德樂義之士，囂囂自得，不怨天，不尤人，「遯世無悶，不見是而無悶」，非君子成德，孰能至於是哉？故曰「人不知而不愠，不亦君子乎」，語成德也。不然，「不念舊惡，怨是用希」，與夫「遺佚而不怨，阨窮而不憫」者，何以稱夷、惠？説也，樂也，君子也，言其義則然。若夫所以説、樂，所以爲君子，則在於學者之心得。譬之飲食之美也，借使易牙日譽於前，而已不預饗焉，終不足以知味。時習於禮，則外貌無斯須不莊不敬；時習於樂，則中心無斯須不和不樂。且將日進於理義之地矣，故說；內足以成己，外足以成物，君子所謂三樂者，內外兩得矣，故樂。學而至於樂，則在我者無憾矣，宜其令聞廣譽四馳也。而人有不知焉，是有命也。不知命，無以爲君子也。今也「人不知而不愠」，則非成德之士、安於義命者不能爾也，謂之君子。按論語或問曰：「游氏所謂成物者爲近之，但必引三樂以爲言，則又墮于假借之病耳。」

其爲人也孝弟章

「事親孝，故忠可移於君；事兄弟，故順可移於長。」孝弟者，忠順之資也。其不足於忠順者寡矣，故孝弟之人，鮮好犯上。至於不好犯上，則忠順足於己，而悖逆之氣不萌於中矣。若是者，其事君必如其親，憂國必如其家，愛民必如其子，固足以禦亂矣，曾何作亂之有？故曰：「不好犯上，而好作亂者，未之有也。」木漸於上，水漸於下，有本者如是。故君子之道，亦務本而已矣。孝弟也者，「置之而塞乎天地，溥之而横乎四海」。仁此者爲仁，履此者爲禮，宜此者爲義，信此者爲信，順此者爲樂。兹非仁之本與？知孝弟爲仁之本，則「本立而道生」之説見矣。按論語或問曰：「游氏説不好犯上作亂者得之。其論爲仁之本，則失程子之意矣。」

巧言令色章

仁者，誠而已矣，無僞也，何有於巧言？仁者，敬而已矣，無諂也，何有於令色？巧言入於僞，令色歸於諂。其資與木訥反矣，宜其鮮於仁也。使斯人之志在於巧言令色而已，則孔子所謂「朽木」「糞牆」，孟子所謂「鄉原」，終不可以入德。使其人之志在於善，而失其所習，則猶可以自反，此聖人所以不絶其爲仁，而止言其鮮也。然則仲尼之惡令色也如此，而詩人以美仲山甫，何也？蓋詩人之所謂令色者，與仲尼之意異。善觀詩者，以意逆志，可也。按論語或問曰：「游氏大抵不切，而其所謂誠、敬、僞、諂者，名義皆若未當。」朱子又嘗曰：「孔子之意，正指人爲巧言令色之時，其心已不存耳。若能自反，則豈不足以爲仁？又豈止於鮮仁耶？游氏此説無病，只是不湊著本文正意。」

吾日三省吾身章

考曾子之學，主於誠身，則其操心宜無不忠，其立行宜無不信，而處己者無憾矣。慮其所以接人者，或入於不忠、不信而不自悟也，故日三省其身焉。省之如此其固，則有不善未嘗不知，知之未嘗復行者，庶乎可以跂及矣。然此特曾子之省身者而已。若夫學者之所省，又不止此。事親有不足於孝，事長有不足於敬歟？行或愧於心，而言或浮於行歟？欲有所未窒，而忿有所未懲歟？推是類而日省之，則曾子之誠身庶乎可以跂及矣。古之人所謂夜以計過，無憾而後即安者，亦曾子之意。曾子於正心誠意之道，宜無須臾忘也，惟以應物之際，恐或失念而違仁，故日所省者，三事而已。按論語或問曰：「游説雖非曾子之事，然深有警於學者，但以處己接人、正心應物分而爲二，則失之耳。蓋閒居獨處，固有所謂不動而敬、不言而信者。今日立行無不信，則固以其循物無違者言之，而無不言不動之謂也。豈有接人之際，猶有不忠不信之累，而遽可謂之立行無不信、處己無可憾者乎？就使其立行之云，或出於一時立言之差，而失其本章之所謂，則誠内形外，初無二致，未有正心處己無不忠信，至於内省一無可憾，接人之際反入於不忠不信而自不悟者也。至於正心誠意，則又初無專於内而不通乎外之限，且既曰無須臾忘矣，則宜其動靜語默無一息之或違也[一]。若應物之際，又遽失念如違仁，則其所省正心誠意無須臾忘者，又安在耶？細考其説，似未免於老、釋之弊，惜乎其篤於爲己，而擇之不精以至此也。」

[一] 則宜其，原脱，據論語或問卷一補。

道千乘之國章

道之爲言，未及治也，猶書所謂「引養引恬」而已，馬融謂「爲之政教」者，近之矣。「敬事而信」，德教以道之也。「節用而愛人，使民以時」，政事以道之也。有德教以道之，則尊君親上之心篤；有政事以道之，則勸功樂事之意純。有國之道，何以加此？蓋敬朝覲之事，則君臣嚴；敬冠昏之事，則男女别；敬喪紀之事，則民知哀死而慎終；敬祭祀之事，則民知報本而追遠。事之所在，無所不用其敬焉，則民孰有不敬者哉？一號令之出也，一期會之時也，一賞罰之用也，一嚬笑之形也，無所不用其信焉，則民其有不信者哉？由是道而誠於心，則「有虞氏未施信於民而民信之，夏后氏未施敬於民而民敬之」者，亦久於斯道而已。雖然，知敬事而已，未及乎信，則慢令而致期，非所以孚民；知信而已，未及乎節用，則侈費而傷財，非所以裕國；知節用而已，未及於愛人，則將吝細而少恩，非所以厚下；知愛人而已，不知使民以時，則將輕用其力，輕奪其務，非所以養民。知是五者，而法度加焉，則治人之道足矣。當孔子時，斯道也將亡矣，故亟言之，使道之以道，則於法度乎何有？按論語或問曰：「游氏『引養引恬』之説，似以道爲引導之義，然與孔氏書傳不合，豈新義之云耶？然下文五者亦非引導之事，其説不得通矣。」

弟子入則孝章

入孝而出弟，身謹而言信〔一〕，處衆而汎愛，交友而親仁，君子之務此，其本也。有所未能，則勉爲之；有所未至，則力致之。待其有餘也，然後從事於文，則其文足以增美質矣。猶木之有本根也，然後枝葉爲之芘覆。苟其無本，則枝葉安所附哉？夫文者，詩、書、禮、樂之謂也。詩者，言此情而已；書者，述此事而已；禮者，體此而已；樂者，樂此而已。使其孝不稱於宗族，其弟不稱於鄉黨，交遊不稱其信，醜夷不稱其和，仁賢不稱其智，則其文適足以滅質，其博適足以溺心，以爲禽犢者有之，以資發塚者有之，託真以酬僞，飾姦言以濟利心者，往往而是也。然則無本而學文，蓋不若無文之愈也。是以聖人必待行有餘力，然後許之以學文。不然，固有所未暇也。後之君子，稍涉文義，則沾沾自喜，謂天下之美盡在於是。或訾其無行，則驁然不顧；或詆其不足，則忿疾如深讐。亦可謂失羞惡之心矣，烏知聖人之本末哉？按論語或問曰：「游氏之敷陳詳盡，有以深究後世棄本逐末之弊。」又按吴伯豐問：「古之所謂學文者，非弄翰墨、事詞藻，如後世之所謂文也，

〔一〕身，清鈔本、四庫本作「行」。

蓋無非格物致知、修己治人之實事。故既學，則必有以究義理之端，而趨於聖賢之域矣。然則文以滅質，博以溺心，以爲禽犢，以資發冢，託真以酬僞飾，奸言以濟利心，古之學者豈有是哉？游氏之説，有激而云耳，然抑揚太過，併與〔一〕古之所謂學文者與後世等而視之，不得不辨也。」朱子曰：「古之學文，固與今異。然無本領而徒誦説，恐亦不免真如游氏之譏也。」

賢賢易色章

「天下之達道五：君臣也，父子也，夫婦也，昆弟也，朋友之交也。」先王之時，在上者舍是無以教，在下者舍是無以學，故孟子曰：「學則三代共之，皆所以明人倫也。」今能「賢賢易色，事父母能竭其力，事君能致其身，與朋友交言而有信」，則其於人倫厚矣。學之爲道，何以加此？「雖曰未學，吾必謂之學矣。」仲尼之門，子夏以文學名，而其言如此，則知古之所謂學者，在本而不在末。故學而一篇，大抵皆在於務本。按論語或問曰：「此章諸説，程子、游氏、尹氏爲優。」

〔一〕與，原脱，據朱文公文集卷五二答吴伯豐書十補。

君子不重章

「正其衣冠，尊其瞻視，儼然人望而畏之」，此君子之重而威也。重而威，則德性尊矣。故君子日就，小人日遠。由是而學，其思之必精，其行之必篤，其問之必周，其聽之必專，入乎耳，著乎心，此德全而學固矣。反是，則言招憂，行招辱，貌招淫，好招辜，何威之有？道聽而途説者有之，一心以爲有鴻鵠將至者有之，何固之有？忠信所以進德也，如甘之受和，白之受采。故善學者，其心以忠信爲主，不言則已，言而必忠信也，故其言爲德言；不行則已，行而必忠信也，故其行爲德行。止而思，動而爲，無時而不在是焉，則安往而非進德哉。故爲仁不主於忠信，則仁必出於姑息；爲義不主於忠信，則義必出於矯抗。操是心以往，則禮必出於足恭，智必出於行險，安往而非敗德哉，而何進德之有焉？譬之欲立數仞之牆，而浮埃聚沫以爲基，亦没世不能立矣。故主忠信者，學者之要言也。孟子之論「尚友」也，以一鄉之善士爲未足，而求之一國；以一國之善士爲未足，而求之天下；以天下之善士爲未足，而求之古人。「無友不如己者」，尚友之道也。求得賢者，尚而友之，則聞其所不聞，見其所不見，而德日起矣。此仲尼所以期子夏之日進也。孔子曰：「過而能改，善莫大焉。」蓋能改一言之過，則一言善矣；能改一行之過，則一行善矣。若過而每不憚改者，其爲善可勝計哉？然則君子之道，以威重爲質，而以學成之。學之道，必以忠信爲主，而以勝己者輔之。雖然，使其或吝於改過，則賢者未必樂告以善道，故以「過則勿憚改」爲終焉。按論語或問曰：「此章之説，惟游氏爲無病。」

慎終追遠章

終者，人所易忽也，而慎之；遠者，人所易忘也，而追之。厚之道也。按論語或問曰：「或問九章之説。曰：『程子、游氏善矣。』」

父在觀其志章

「三年無改於父之道」，若堯、舜、文、武之道，雖行萬世，不可改也，何止三年？若武帝權利之政、德宗宫市之事，昭帝、順宗不踰年而改之，天下後世不以爲非者，何待三年？今言「無改於父之道」，則在所當改而可以未改也。人君、士大夫皆當如此。居喪之制，有不言而事行者，有言而後事行者，有身自執事而後行者，此尊卑之等也。如以爲聽於冢宰爲嫌於改父之道，則孔子所謂「古之人皆然」者，豈爲其父皆有可改之道乎？蓋銜恤之道當然。按論語或問曰：「此章游氏之説，得其制事之宜。」又語類云：「『三年無改』，惟尹氏所謂『孝子之心有所不忍者』最爲慤實，而游氏所謂『在所當改而可以未改』者，斟酌事理，尤得其當。」又曰：「游氏謂『在所當改而可以未改』者，此正是説得謹密處，聖人之意亦是如此。」又曰：「諸説惟游氏説得好，深味之，孝子之心可見。」

君子不器章

「形而上者謂之道，形而下者謂之器。」君子體夫道者也，故不器。不器則能圓能方、能柔能剛，非執方者所與也。按論語或問曰：「范氏大意亦善，其語意繁雜，其引形而上下之云，亦無所當於此章之意矣。且聖人教人，先盡其小者、近者，而後進夫遠者、大者。但君子不溺其心於是，而有以貫通之焉耳。若曰以道爲本，而忘夫小者、近者，則是離物以求道，而又爲子游之譏子夏也。必以形而上下爲言，則聖人亦豈教人以遺器而取道者哉？游氏意亦類此，而語涉老、莊，則尤虚幻而不實矣。」

學而不思則罔章

多識前言往行，而考古以驗今者，學也；耳目不交於物，而悉心以自求者，思也。思則知敬以直内，而中有主；學則知義以方外，而外有主。學而不思，則所學者不能以爲己，故罔。罔者，反求諸己而無實也。思而不學，則所思者不足以涉事，故殆。殆者，應於事而不安也。按論語或問曰：「游氏之説，則所謂思者，非以思夫義理之所在，特兀然癡坐，如釋子禪觀之爲耳。以罔爲不能爲己而無實，殆爲不足以涉事而不安，亦皆生於思字之失，遂疑學非爲己之事，思有遺物之弊，而不悟聖人所謂學與思者，初不在於是也。」

子張學干禄章

行於己而爲行，故「慎行」，則「寡悔」，悔在心也；應於物而有言，故「慎言」，則「寡尤」，尤在事也。易之言「無悔」者，本諸心也，故於行己者言寡悔；言「無尤」者，涉於事也，故於應物者言寡尤。咸、同人、復、大壯無悔，賁、鼎、蹇、旅、大畜無尤。非謂言可以有悔已。按論語或問曰：「游氏『尤』字之説，不若程、張之安。」

人而無信章

人而無信，以輗、軏爲喻，何也？曰：忠信所以進德，而義也，禮也，以信成之。人而無信，則中無所主矣。以之爲仁，則蹩躠而已；以之爲義，則踶跂而已；爲智則誣；爲禮則僞，無所施而可也。輗、軏，大車、小車所恃以行者也；而有信，則大德、小德所資以進也。故輪輿雖備而無輗、軏，則有車之名，而無運行之實；

人而無信，則雖「居之似忠信，行之似廉潔」，終「不可入堯舜之道」。故其喻如此。按論語或問曰：「游氏以中有主爲言，亦非文義。夫言而有信，夫子固常言之矣，曷爲其必舍此而務鑿焉以爲深乎？且其曰大德小德所由以進之屬，皆欲就車取義，亦大泥矣。聖人之言，如天地之生萬物，豈若是其譾譾拘拘也。」

孔子謂季氏章

人臣僭國君之禮，是無君也；陪臣僭天子之禮，是無王也。季氏以八佾舞，其心遂無王矣，是將拔本塞源、冠履倒施、滅天理而壞人倫矣。此而可忍，孰不可忍也。

人而不仁章

人而不仁，則人心亡矣。以事父，必不孝，其如父子之禮何？以事君，必不忠，其如君臣之禮何？在宗廟之中，上下同聽之而和敬，彼且不敬，其如宗廟之樂何？在族黨之中，長幼同聽之而和順，彼且不順，其如族黨之樂何？是其爲禮也必僞，而慢易之心入之矣，豈足以治躬？其爲樂必淫，而鄙詐之心入之矣，豈足以治心？按論語或問曰：「呂氏以下皆祖程説，而游氏、周氏尤爲詳盡。」又語類：「問：『游氏曰：「人而不仁，則人心亡矣」，如何？』曰：『此説好。』」

或問禘之説章

祭祀之義，非精義不足以究其説，非體道不足以致其義。蓋惟聖人爲能饗帝，爲其盡人道而與帝同德；惟孝子爲能饗親，爲其盡子道而與親同心也。仁孝之至，通乎神明，而神祇祖考安樂之，則於郊社之禮、禘嘗之義，始可以言明矣。夫如是，則於爲天下國家也何有？宜乎衆人所不得聞也。故或問禘之説，孔子答之曰「不知也」，其曰「知其説者之於天下，其如示諸斯乎」，指其掌，則又以明其不可不知也。是禮也，中庸兼郊、社、禘、嘗言之，其説亦當如此。古人之所謂「通乎一，萬事畢」也。論語特因或人之問而發之，故止及禘之説耳。成王自謂「予沖子夙夜毖祀」，蓋「雝雝在宫，肅肅在廟」者。文王純德之容，而曾孫篤之，所以致太平也。若言「禘，大禮，其義衆」，恐非其質也，恐與中庸意異。按論語或問曰：「禘章諸説皆善，而各得其一偏。游氏得其仁孝誠敬之心，此其説之善者也。然兼郊社禘嘗言之，其義雖廣，而於此章之旨，則不若程子、吕氏之專也。」又語類曰：「此處游氏説得好，子細看，方知不是空言。」

關雎樂而不淫章

常情之哀樂，皆出於私意，故其樂必淫于己，其哀必傷于人。關雎之樂，在于得淑女，則異乎人之樂也，故不淫其色；其哀在于思賢才，則異乎人之哀也，故無傷善之心。先王之用心，憂樂以天下而已，故太姒所以宜爲文王之配。按論語或問曰：「游氏既引序文，乃不用程子之說，而祖鄭氏、王氏之義。」

子謂韶盡美矣章

王者功成作樂，韶、武之盡美，以其功言之也。如觀其成功，則二聖人之樂皆無餘美。乃若所遇之事，所以致功者，舜以紹堯而爲韶，武以滅商而爲武，豈可同日而語哉？觀成湯之有慚德，則武之用心可知矣。故「盡美」者，其功也；「未盡善」者，其事也。猶之「周公東征，四國是皇」，是時周室幾再造矣，其功顧不大哉？至於致辟管叔於商，豈其所欲乎？武之未盡善，其事類如此矣。按論語或問曰：「游氏之說亦善，而於『美』『善』二字辨析尤有功。」

惟仁者能好人章

好善而惡惡，天下之同情也。然好惡每失其實者，心有所繫而不能克己也。惟仁者宅心于大中至正之地，而無私焉，故好惡非我，遵王之道路而已。知及之，仁或未足以守之，則不足以與此，故言唯仁者爲能。按論語或問曰：「游氏之說則善矣，但以『仁者爲宅心於大中至正之地』，則是仁者之心，初不中正，而大中至正云者，又自爲一處，必以此心納於彼處，而後得爲無私也，而可乎？且宅心之云，見於書者，與上云『克知三有宅心』者，宜爲一說。今之説者，疑已失之。然不過曰有以居是心，而不爲事物侵動耳，豈曰宅此心於一處哉？」又問：「游氏所謂『智而未仁，則不足以與此』，何如？」曰：「知及之矣，而不足以與此者，非謂懵然不知所好惡也。私意人欲一有介乎其中，則雖好惡之不差，而其輕重淺深之間，必不能無毫髮之偏者，此所以必仁者而後能也。」

富與貴章

富與貴，非其道得之，則君子不處，以有義也。君子宜富貴者也，今至於貧賤，是不以其道得之也。然而不去者，以有命也。此皆爲君子言之。故主彌子瑕而得卿，孔子不爲也。君子去仁，則君非君，子非子矣，安所成其名？「無終食之閒違仁」，言「造次」「顛沛」必依於仁，雖終食之頃，不違也。如以飲食必有祭，則僧家出生皆可以爲不違仁矣。可驗其學不在己。按論語或問：「曰：『或以飲食必祭爲言，與此若無異者，而游、楊皆斥其陋，何也？』曰：『是其説有二焉。若曰祭而必敬，則不違仁之一事也。游、楊何譏焉？若但以其不忘本而加恩惠焉以爲仁，則信乎其陋矣。然推本而言，則制禮者之於此，固亦其仁之發，但不可專以此爲仁耳。』」

參乎吾道一以貫之章

夫道，一而已矣。「天地一指也，萬物一馬也」，無往而非一，此至人所以無己也，豈參彼己所能預哉？此忠恕所以違道，爲其未能一以貫之也。雖然，忠所以盡己，恕所以盡物，則欲求人道者，宜莫近於此。此忠恕所以違道不遠也。子曰：「參乎，吾道一以貫之。」曾子曰：「唯。」使曾子之知不足以及此，則仲尼不以告，而曾子不自誣。今曰「忠恕而已」者，所以告門人也。孟子曰：「萬物皆備於我矣，反身而誠，樂莫大焉。」此仲尼告曾子之道也。「强恕而行，求仁莫近焉。」此曾子告門人之道也。然則曾子豈有隱于是耶？蓋門人智不足以及此，而强告之，適足以滋其惑。使門人誠于忠恕，則于一道，亦何遠之有？子曰：「吾與回言終日，不違如愚。」又曰：「語之而不惰。」又曰：「於吾言無所不說。」則其師資之際，朝夕相與言，而默契於道者，宜不少矣。而論語所載，止於問爲仁、問爲邦而已。則其所不載者，皆二三子所不得聞也。由此觀之，則仲尼、曾子所以授受者，門人所不得聞，而所以告門人者，不過忠恕而已。此曾子所以爲善學而善教者也。按論語或問曰：「夫孔子之所謂一貫者，非曰貫彼我而一之也。亦曰其所以酬酢應變者，雖千變萬化，而未嘗不一也。今游氏以『天地一指，萬物一馬』『至人無己』論之，則既失其旨矣，而又皆出乎異端之説，其擇焉而不精，亦甚矣哉。又謂『忠恕未免乎違道』，則又未察乎『違道不遠』云者，正以其自是而之道也，『不遠』云爾，豈背道之謂哉。又謂『恕爲盡物』，則恕其足以盡物矣，而恕之所以得名者，正自其未盡。而足以盡者，名之也。又謂『反身而誠』爲一貫之事，亦非也。反身而誠，方謂反求諸身，而萬理無不足耳，未及乎推以及物，而無所不當之大也。又謂『仲尼、曾子所以授受，門人有不得聞者』，亦非也。夫師弟子相與處於一堂之上，其可爲呫囁耳語，以私於一人哉？特學至者聞之而有得，其未至者，雖聞而若弗聞耳。故門人之問，以『何謂』爲辭，則固聞其言而不曉其所謂者也。若初不聞，則又豈得而筆之於書耶？」

夫子之文章章

孟子曰：「仁之於父子，義之於君臣，至聖之於天道，命也，有性焉，君子不謂命也。」論性之妙，而與於天道，雖聖人有所不能知焉，況子貢乎？聞即是知，可得而聞者，可以與知之謂也；不可得而聞者，亦有所不能知之謂也。按論語或問曰：「游氏以性與天道爲有精粗之别，而謂夫子論性之妙[一]，則預於天道，而雖聖人有所不

[一] 子，原作「人」，據論語或問卷五改。

知，非但子貢不得聞也。非但不成義理，而亦不成文辭。且聖人既不能知矣，又若何而能論之耶？亦不待辨説而知其不通矣。」

顔淵季路侍章

孔子之道，修于家，行于鄉，施于國，達于天下，亦不過使「老者安之，朋友信之，少者懷之」而已。蓋使天下之爲子者皆致其孝，然後老者莫不安之矣；使天下之爲父者皆致其慈，然後少者莫不懷之矣；使天下之爲朋友者皆先施之，然後朋友莫不信之矣。此所以爲孔子之志。其辭雖若自抑，而非盛德之善洽于人心者，亦不足以與此。按論語或問曰：「游氏之説則亦太支離矣。」

仲弓問子桑伯子節

子桑伯子之「可」也，以其「簡」。若主之以敬而行之，則簡爲善。按論語或問曰：「居敬而行簡者，自然理得而不煩之謂，亦非有所略也。有所略，則與不事事者無以異矣。游氏語若有未密者。」

哀公問弟子章

「不遷怒」者，怒適其可而止，無溢怒之氣也。傳所謂「室於怒而市於色」者，遷其怒之甚者也。不遷怒，則發而中節矣。喜怒哀樂不可無也，每思要發皆中節之爲難耳。文、武一怒而安天下之民，則何惡於怒哉？記曰：「心有所忿懥，則不得其正。」今至於不遷怒，則於正心之學，可謂自强矣。「不貳過」者，一念少差，而覺之蚤，不復見之行事也，蓋惟聖人能寂然不動，故無過。顔子能非禮勿動而已，故或有不善始萌於中，而不及復行，是其過在心，而行不貳焉。則於修身之學，可謂自强矣。正心以修身，彊而不息，此孔子所謂「好學」，而顔子所以「三月不違仁」也。若夫絶學者，則心無所於正，身無所於修，暖然似春，淒然似秋，天德而已矣。此聖賢之辨也。按論語或問曰：「游氏不遷怒之説，亦程子之意。而其論不貳過，則猶范氏之云也。又以『聖人寂然不動故無過』，然則謂凡有動者皆過也，而可乎？至以不遷、不貳，爲有正心、修己之别，則説益以支矣。又概以能自强者語之，則於顔子之事，亦無所當也。夫顔子之賢，利仁蓋不足以言之，又何自强之有哉？所謂「絶學」，亦老氏之語，若聖人則固不待學，然亦未嘗絶學也。」

子華使於齊章

「餼廩稱事」，所以食功也。今原思爲之宰，而辭禄不受，則食功之義廢矣。蓋義所當得，則雖萬鍾不害其爲廉。借使有餘，猶可以及鄰里鄉黨，蓋鄰里鄉黨有相賙之義。按論語或問曰：「游氏食功之説支矣，而其於相賙之説，則得之。」

回也其心三月不違仁章

仁，人心也，不可須臾離也，猶飢之於食，渴之於飲，一日闕之，則必顛僕餓踣而殞命矣。人心一日不依於仁，則不足以爲人焉。仲尼嘗歎曰：「有能一日用其力於仁矣乎？」當時之人，不能一日用其力於行仁，又安得以仁存心三月之久如顔子哉？違者對依而言之，不違則心常依於仁矣。按論語或問曰：「游氏以仁爲人心，則仁之與心非二物矣。然曰不可須臾離，而謂人心不可一日不依於仁，則心之與仁又爲二物，而或相離或相依也，且以仁存心，亦豈不違仁之謂耶？」

賢哉回也章

非樂簞瓢陋巷也，不以貧窶動其心、改其樂也。知其所樂，則知其不改。

人之生也直章

直者，循理之謂也，惟其循理，故能盡生之經，與直養之直同，至於姦罔，則去直也遠矣。按論語或問曰：「游氏以循理爲直，生爲盡生之經，以經之本文與程伯子之説推之，則皆有所未合。蓋生理本直，不待人順之而後得直之名。若『至大至剛以直』

之『直』，亦氣之本然，不待人以直養之而後得此名也。盡生之經，所以能保其生存之道也。於經之文，亦無所當。」

知者樂水章

仁者安仁，得於所性之妙，不逐末，不忘本〔一〕，不逐僞以喪真，不殘生以傷性，可以保身，可以養生，可以盡年，故享年享國皆可長久。若堯、舜、文王，皆度越百歲是也。

齊一變章

齊雖彊大，經威公一變而爲霸，則王道不復存焉；魯雖削弱，而周公之法則猶在。有王者作，取法於魯，則文武之道翕然丕變矣。

志於道章

「志於道」者，念念不忘於道也。念念不忘，則將有以「宅心」矣。宅心於道者，無思也，「惟精」也；無爲也，「惟一」也。惟精則無偏，此道之大中；惟一則無變，

〔一〕不，論語精義卷三下同，清鈔本、四庫本作「以」。

此道之大常。堯授舜，舜授禹。至於「允執厥中」，則志於道之效也。「據於德」者，止其所而自得也。自得於己，無待於外，則有以勝物，而其固，萬物莫足以傾之；獨立不懼，而其守，舉世莫得以易之。則所據之地可謂之。闕。且久矣。孟子所謂「富貴不能淫，貧賤不能移，威武不能屈」，則據於德之效也。據於德，所以體道也。「依於仁」，出入、起居、視聽、食息，無時而違仁也。仁者，人也，人之成位乎天地之間，以其仁而已。不然，則皇皇然無所依矣。猶之父者，子之天也，而子依之，夫者，妻之天也，而妻依之，不得而違也。君子依乎中庸，亦若是而已，爲中庸之不可須臾離也。依者，違之反也。顏子三月不違仁，則依於仁之效也。依於仁，所以成德也。義，宜此者也；禮，體此者也；智，知此者也。故曰：「人而不仁，如禮何？人而不仁，如樂何？」是故君子依於仁而足矣，非謂倚一偏也。孰謂三月不違仁，而又不足於義乎？「道」者，天也，故言「志」；「德」者，地也，故言「據」；「仁」者，人也，故言「依」；至於「游於藝」，則所以閑邪也。蓋士志于道，苟未至於縱心，則必有息游之學焉。傳曰：「張而不弛，文、武不能也。」「不有博弈者乎？爲之猶賢乎已。」夫博弈，固惡矣，而其惡止於博弈。若飽食終日，無所用心，則心之放逸，熱焦火而寒凝冰，何所不至哉？是以聖人寧取於博弈也，況六藝之正乎？故游於禮，所以防其躁也；游於樂，所以導其和也；游於射，所以正内志而直外體也；御也，書也，數也，亦若是而已，是皆操心之術也。先王之時，自幼子常示無誑，六歲學方名，十年學幼儀，十三舞勺，成童舞象，以至於灑埽、應對、進退，無非學者。庸詎知大人不失赤子之心，不緣是而得乎？故游於藝，所以守仁也。本末内外交進而不遺，則於宅心而執厥中，亦何患於弗克哉？按論語或問曰：「游氏念念不忘之説，善矣，而以其下文所論推之，則所指以爲道者，則恐其未免於老、佛之餘也。志者，有思之主而有爲之端也，若之何以無思無爲當之？而無思無爲，又豈惟精惟一之謂耶？至以精一分管中庸，亦無是理。堯、舜、禹皆自誠而明者，而允執厥中，乃時中之中也。今曰三聖執中，皆志道之效，其亦不可曉矣。以據德爲止其所而自得，亦於彼此文義皆有所不合。蓋此所謂『據於德』者，守其所得之德耳，非以有所據而後有所得也。若易所謂『止其所』者，亦曰『止於其所當止之所』而已，豈固守不動之謂哉？以依仁爲不違仁者，善矣，然謂『不仁則皇皇然無所依』，則非文義也。蓋所以依於仁者，正謂其未得於仁，而欲其依於是耳，非謂既仁而後有所依也。且其依之，亦反諸乎身而去其不仁者而已，非若子之依父、妻之依夫，雖曰至尊至親，而猶爲兩物也。其曰『據德以體道』『依仁以成德』者，則亦得之，但其所謂道者既差[一]，則其二者亦未有所附也。其論游於藝以閑邪而守仁者，意亦甚善，然亦必以張子、范氏之説爲正，然後可以及此。若但如游説而已，則是徒爲是物以繫其心，而於日爲之分義，初無所當也，而可乎？」

子不語章

夫子語治而不語亂，何也？君子樂道人之善，惡言人之惡，則語治而不語亂者，聖人之仁也。且語治而已，則是非美惡較然明矣，何必語亂而後可以爲戒？按論語或問曰：「游説亦佳，而未免有所偏也。」

二三子以我爲隱乎章

聖人語默動靜，無非教者。其所以與二三子者，甚易知而易見也。惟其聽之者，自不能見，則以爲有隱耳。其曰「是丘也」者，質諸己以實其言也，故曰「天何言哉，四時行焉，百物生焉」。聖人亦天而已矣。子貢曰：「夫子之言性與天道，不可得而聞也。」是性與天道，仲尼固嘗言之，曷嘗有甚高不可測之論，大而無當、不近人情乎？蓋亦不離於文章也。而學者自不能以心契，則或疑其未嘗言耳。子貢

[一] 謂，原作「爲」，據論語或問卷七改。

既聞道矣，故知夫子之未嘗不言也。子路「問事鬼神」，子曰：「未能事人，焉能事鬼？」「敢問死」，曰：「未知生，焉知死？」蓋能盡人之道，則於事鬼神之道，可以不學而能也；能知生之説，則於死之説，可不問而知也。告人之道，於是乎盡。孰謂夫子有隱於由乎？按論語或問曰：「游氏亦爲得之。」

興於詩章

「興於詩」，言學詩者可以感發於善心也。如觀天保之詩，則君臣之義修矣；觀常棣之詩，則兄弟之愛篤矣；觀伐木之詩，則朋友之交親矣；觀關雎、鵲巢之風，則夫婦之經正矣。昔王裒有至性，而弟子至於廢講蓼莪，則詩之興發善心於此可見矣。而以考其言之文爲興於詩，則所求於詩者外矣，非所謂可以興也。然則「不學詩，無以言」，何也？蓋詩之情，出於温柔敦厚，而其言如之。言者，心聲也，不得其心，斯不得于言矣。仲尼之教伯魚，固將使之興於詩，而得詩人之志也。得其心，斯得其所以言，而出言有章矣，豈徒考其文而已哉？詩之爲言，發乎情也，其持心也厚，其望人也輕，其辭婉，其氣平，所謂人言也深，要歸必止乎禮義。有君臣之義焉，有父子之倫焉，和樂而不淫，怨誹而不亂，所謂「發言爲詩」，故可以化天下而師後世。學者苟得其用心，何患其不能言哉？明乎齊之音者有勇，明乎商之音者有義，亦感發之意。詩之文，蓋有後世老師宿儒所不能爲，曾謂始學者而能之乎？按：「所謂人言也深」句，疑有脱誤〔二〕。

民可使由之章

夫先王豈以其術智籠天下之民而愚之哉？蓋道無方也，反而觀之，則無己；泛而觀之，則無物。虎豹得之而猛噬，蛇虺得之而毒螫。厚者見之而爲仁，薄者見之而爲惡。觀老子之學，變而爲申韓。則民不可使知之，理可見矣。蓋其氣質或不良，而竊窺其端倪，則適足以逞其不肖之心而已。此小人之童觀，所以無咎也。

按論語或問曰：「『游氏如何？』曰：『此其所謂道者，老、佛之所謂道而已。若吾之所謂道者，則豈有搏噬、毒螫、薄惡之患哉？其説之病，學者審擇可也。』」

吾自衛反魯章

「雅頌各得其所，而不及禮與風，何也？」曰：「有其德，無其位，不敢作禮樂焉。則禮樂非孔子之事。所謂『雅頌各得其所』者，因其舊而正之，非有所作也，故不

〔二〕和州本、清鈔本及論孟精義卷四下作「人言也深」。清鈔本、論孟精義有小注「疑」字。四庫本改作「入人也深」。

及禮。關雎之亂，師摯固嘗治之矣，故不及風。」

語之而不惰者章

「上士聞道，勤而行之。」回於夫子之言，無所不説，非不惰而何？

顔淵問仁章

孟子曰：「仁，人心也。」則仁之爲言，得其本心而已。心之本體，則喜怒哀樂之未發者是也。惟其徇己之私，則汩於忿慾，而人道熄矣。誠能勝人心之私，以還道心之公，則將視人如己，視物如人，而心之本體見矣。自此而親親，自此而仁民，自此而愛物，皆其本心隨物而見者然也，故曰「克己復禮爲仁」。禮者，性之中也。且心之本體，一而已矣。非事事而爲之，物物而愛之，又非積日累月而後可至也。一日反本復常，則萬物一體，無適而非仁矣，故曰「一日克己復禮，天下歸仁焉」。天下歸仁，取足於身而已，非有藉於外也，故曰「爲仁由己，而由人乎哉」。顔淵「請事斯語」，至於「非禮勿動」，則不離於中，其誠不息而可久矣，故能「三月不違仁」。雖然，三月不違者，其心猶有所操也。至於中心安仁，則縱目之所視，更無亂色；縱耳之所聽，更無姦聲。「無思也，無爲也，寂然不動，感而遂通天下之故」，則發育萬物，彌綸天地，而何「克己復禮」「三月不違」之足言哉？此聖人之能事，而對時育萬物者，所以博施濟衆也。仁至於此，則仲尼所不敢居，而且罕言也。然則仁與聖，烏乎辨？曰仁，人心也，操之則爲賢，縱之則爲聖。苟未至於縱心，則於博施濟衆，未能無數數然也。按論語或問曰：「游氏說以爲『視人如己，視物如人』，則其失近於吕氏，而無天序天秩之本。且謂人與物等，則其害於分殊之義爲尤甚。以爲『非必積日累月而後可至，一日反本復常，則萬物一體，無適而非仁』者，則又陷於釋氏頓悟之語，以啓後學僥倖躐等之心。以爲『安仁，則縱目所視，而無亂色；縱耳所聽，而無姦聲』，則又生於莊周、列禦寇荒唐之論〔一〕。若以聖人爲恃其中心安仁之故，而有意於縱其視聽者，至其所論仁聖之辨，則又以博施濟衆爲言，則於夫子所以告子貢者，似有所未察也。」

仲弓問仁章

「出門如見大賓，使民如承大祭」，則以「閑邪存其誠」而已。「出門如見大賓」，則無時而不敬也；「使民如承大祭」，則無事而不敬也。仲弓能「請事斯語」，則於

〔一〕列，原作「烈」，據論語或問卷十二改。

「非禮勿動」，亦庶幾焉。

司馬牛問仁章

仁之難成久矣，豈惟行之爲難，知之固未易也。今欲言出而當於仁，得無難乎？故曰「其言也訒」，訒之難也。夫子答樊遲之問仁，曰：「先難而後獲。」答司馬牛曰：「仁者其言也訒。」皆未可與言仁故也。按論語或問曰：「『游氏之説如何？』曰：『是又自爲一説。然本文以仁者爲言，則猶立人達人，指其人之身而言之也。』又曰：『其言也訒，則固謂是人之言發之不易也，是與孟子浩氣難言之説，亦不得而同矣。』」

吾之於人也章

大公至正之道，古今所共由也，合乎此則爲是，外乎此則爲非。其所謂是者，非惟聖人之所是，天下亦以爲是而好之；其所謂非者，非惟聖人之所非，天下亦以爲非而惡之。聖人因民心之是非好惡，還以治之，非故矯揉其性，而爲不可順從之事也。三代之君所以治者如此，孔子亦出乎大公至正之道而已。按論語或問曰：「古注、范、游氏皆以爲，三代之君賞善罰惡，皆以直道，如夫子之毁譽不私也。此説善矣。然如其説，則經宜云『此三代之治民，所以直道而行』，而不得如今之云也。」

唯上知與下愚不移章

孔子之言性，有以其本言之者，若「繼之者善，成之者性」是也；有以人所見言之者，若「性相近，習相遠」是也。孟子亦然，其道性善，深探其本也；其曰「孺子將入井，皆有怵惕惻隱之心，乃若其情，則可以爲善矣」，姑據人所見而語之也，是以當時學者不能無疑。夫道，未始有名，感於物而出，則善之名立矣；託於物而生，則性之名立矣。善者，性之德，故莊子曰「物得以生謂之德」；性者，善之資也，故莊子曰「形體保神謂之性」。蓋道之在天地，則播五行於四時，百物生焉，無非善者也，無惡也，故曰「繼之者善」也；道之在人，則出作而入息，渴飲而飢食，無非性者，無妄也，苟得其性之本然，反身而誠，則天地萬物之理得，而道自我成矣，故曰「成之者性」也。惟其同出于一氣，而氣之所值，有全有偏，有邪有正，有粹有駁，有厚有薄，然後有上知、下愚、中人之不同也。猶之「大塊噫氣，其名爲風」，風之所出，無異氣也，而叱者、吸者、叫者、號者，其聲若是不同。以其所託者，物物殊形耳。其聲之不同，而謂有異風，可乎？孟子謂「性善」，正類此也。荀卿言「性惡」，揚雄言「人之性善惡混」，韓愈言「性有三品」，蓋皆蔽於末流而不知其本也。觀五方之民，剛柔、輕重、遲速異齊，則氣之所稟，可以類推之也。以堯爲君而有丹朱，以瞽瞍爲父而有舜，又何足疑乎？孔子言「性相近」者，以習而相遠，則天下之性，或相倍蓰者固多矣。由是觀之，則謂性有三品，未爲不可。唯其止以是爲性，則三子者之失也。「成性存存，道義之門」，蓋非盡心知性者，不足以與此。宜乎夫子之言性，門人莫得而聞也。子貢，知道者也，得其所以言矣，故其贊聖人者及此。按論語或問曰：「『游氏之説如何？』曰：『其論聖賢言性之不同，曰有探其本者，是矣；其曰有姑據人所見而言，而以性習遠近、惻隱之心之類當之，則非也。性之相近，以氣質之不同也；惻隱之心，性之感而發於情者也，二者既不同矣。然聖賢亦曷嘗姑據人所見而指是爲性哉？若曰「道未始有名，感於物而出，則善之名立；託於物而生，則性之名立」，此則老、佛之言，而分道與善、性爲三物矣。至於形體保神、各有儀則謂之性者，雖出於莊周之言，然所謂儀則者，猶有儒者之意也。今引其言以論性，而特遺之，且獨以「出作入息、飢食渴飲」者爲言，則是其所謂性者，無復儀則，而專用佛、老作用是性之言爲主矣。是雖欲極其高妙而言，而不知其所指以爲性者，反滯於精神魂魄之間也。此近世言性之大弊，學者不可以不辨。且所謂「託於物而生」者，是又以爲先有是物，而性託之以生，如釋氏受胎奪陰之説也。所謂「反身而誠」者，是以成性爲人之所爲也，其説亦皆誤矣。』」

子之武城章

子夏以灑埽應對進退教人，子游以弦歌爲學，知此然後知古人爲學之方。惟賢者得其大者，不賢者得其小者，故有「愛人」「易使」之異。

微子去之章

董子曰：「仁人者，正其義不謀其利，明其道不計其功。」善乎其言，始可與言仁也已矣。蓋仁人之用心，惟仁所在而已。仁之所在則從之，不論所以也。仁在於去，則去之而不愧，微子是也；仁在於不去，則爲之奴而不辱，箕子是也；仁在于死，則就死而不悔，比干是也。豈顧利害禍福而易其求仁之志哉？故伯夷之清、伊尹之任、柳下惠之和，皆仁也。伯夷辭爲孤竹之君，而餓於首陽之下，由衆人觀之，其利害固殊絶也。而彼獨以是求仁焉。以是求之，以是得之，既以遂其志矣，夫何怨之有？宰我曰：「仁者雖告之曰『井有仁焉』，其從之也？」宰我之意，蓋曰仁者之志，惟求仁而已，功利非所計也。井者，必死之地也，厥或告之曰「死地有仁」，彼其用心之誠，亦將從之也。是不然。君子之求仁，亦曰循理而已矣。夫理之所不載，安在其爲仁耶？故可逝者其心也，其不可陷者其理也。以其用心之仁，故可以欺；以其見理之明，故不可罔。以井爲言，則犯害之地皆是也。按論語或問曰：「游氏所謂『仁人之用心，惟仁所在則從之，不論所以』者，似非知仁之言。蓋仁者，心之德，有是心而不失其德，則謂之仁人。一時如此，則一時之仁也；一事如此，則一事之仁也。其時與事雖有不同，而所謂仁者，則常在此而不在彼也。蓋始出乎此，而終合乎此耳。若如游氏之言，則是所謂仁人者，與仁自爲二物，人常在此，仁在彼，而以人往從乎仁也。其曰『彼獨以是求仁焉』，則又甚矣。彼夷、齊者，亦曰不如是，則無以得其心之所安，而賊夫德耳，豈曰仁在於彼，而餓死以求之哉？其論宰我之問，則予於本章已辨之矣。」

堯曰咨爾舜章

有一言而足以盡至治之要，曰中而已。蓋中者，天下之大本也，豈執一云乎哉？不偏不倚，適當其可而已。譬之權衡之應物，曾無心于輕重、抑揚、高下，稱物平施，無銖兩之差，此其所以爲時中也與。堯、舜、禹三聖授受之際，所守者一道，「允執厥中」，乃傳心之密旨也。按論語或問曰：「游氏自『適當其可』以下，文與程子之説不異。」

游定夫先生集卷二

孟子雜解

按墓誌云「論語孟子雜解各一卷」，今所存孟子雜解止八則，疑多遺佚，然不可攷矣。

人皆有不忍人之心章

惻者，心之感於物也；隱者，心之痛於中也。物之體傷於彼，而吾之心感應於此，仁之體顯矣。故君子之於禽獸，見其生不忍見其死，見其全不忍見其傷，而況於民乎？況於親戚乎？故惻隱之心，莫隆於親，而民次之。孟子曰：「君子親親而仁民，仁民而愛物。」此自然之序也。彼愛無差等者，失其本心也已。惻隱，痛傷也。傷在彼而我傷之，痛在彼而我痛之，傷痛非自外至也，因心則然，此惻隱所以爲「仁之端」也。至於充其心體之本然，則萬物一體矣，無物我之間也，故天下歸仁焉。

燕人畔章

象之惡已著，而其志不過富貴而已，故舜得以是而全之。若管叔之惡則未著，而其志其才皆非象比也，周公詎忍逆探其兄之惡而棄之耶？周公愛兄，宜無不盡者。管叔之事，聖人之不幸也。舜誠信而喜象，周公誠信而任管叔，此天理人倫之至，其用心一也。按孟子或問曰：「『周公、管叔之事，吕、游之説不同，何也？』曰：『吕氏之疑，游氏辨之詳矣。其原蓋出於程子之説，所謂天理人倫之至者，學者宜深味之。』」

規矩方員之至也章

愛敬盡於事親，則孝之性盡矣。盡之云者，愛敬之道於是至矣，不可以有加焉。舜盡事親之道，而瞽瞍底豫，天下之爲父子者定，其理正如此也。孟子言「聖人，人倫之至也」，人倫至於聖人而後爲至者，蓋非盡性不能也。學者之於人倫，亦期於盡而已矣。

居下位而不獲于上章

「欲誠其意，先致其知」，故「不明乎善，不誠乎身矣」。學至於誠身，安往而不致其極哉？以内則順乎親，以外則信乎友，以上則可以得君，以下則可以得民。此舜之「允塞」，所以「五典克從」也。然有誠者，有誠之者。不勉而中，無爲也，不思而得，無思也，從容乎中道，是聖人之事也，故爲天道；至於擇善，則有思矣，固執之，則有爲矣，拳拳乎中道，是賢人之事也，故爲人之道。聖賢雖異稟，其爲誠身一也。

詩云娶妻如之何章

告而娶，義之小者也；廢人之大倫，罪之大者也。瞽瞍之頑，告則不得娶，舜知之宜審矣，故受不告之名，而不忍陷父於廢大倫之罪。如必先告，俟其不從然後違之，則是重拂其親之意，而反彰其惡也。故其不告，君子以爲猶告。按孟子或問曰：「不告而娶之説，游氏之意亦爲曲盡。」

盡其心者章

「盡其心」，則心地無餘蘊，而性之本體見矣；「知其性」，則廣大悉備，天理全而人僞泯矣。夫是之謂「極高明」。「存其心」者，閑邪以存其誠也；「養其性」者，守静以復其本也。欲不外馳，忿不内作，反聽内視，以歸有極，則「存其心」之道也；其志致一，其氣致専，「至大至剛以直」，則「養其性」之道也。存、養至此，則與天地相似而不違矣，故足以事天。夫是之謂「道中庸」。「極高明」者，理極於知天也；「道中庸」者，德全於事天也。「知天」者，造其理也；「事天」者，履其事也。徒造其理而不履其事，是爲知君上之爲我尊而未嘗致恭也，知父母之爲我親而未嘗致養也，其忠孝安在哉？「知天」，智之盡也；「事天」，仁之至也。仁之至、智之盡也，則死生爲晝夜矣，豈殀壽所能惑其心哉〔一〕？亦曰「修身以俟之」，自作元命而已。按孟子或問曰：「游氏於此章首尾次序大意，甚有條理，而其所以爲說，則皆老、佛之餘也。如曰『心之地無餘藴，而性之本體見』者，如曰『守靜復本』『内視反聽』『致一致專』者，豈儒者之言而孟子之旨乎？其曰『至大至剛以直』，則孟子所論，乃氣之本體，而以爲養性之道，尤不可其説也。」

形色天性也章

形者，性之質也。能盡其性，則踐其形而無愧矣。蓋「萬物皆備於我」，則其所有，何物不備？「反身而誠，樂莫大焉」，爲其能盡性而踐形也。若反身未至于誠，則是於性有所不盡。未能盡性，則於質有所不充矣，故曰「惟聖人然後可以踐

〔一〕殀，原作「妖」，清鈔本同，據四庫本及論孟精義卷十三改。

形」。箕子曰：「視曰明，聽曰聰。」視謂之明，聽謂之聰，皆耳目之本然也。能盡視聽之性，則能盡耳目之形。苟視聽不足於聰明，則是有耳目之形而無視聽之實德也，豈不歉於形哉？楊子曰：「聖人耳不順乎非，口不隸乎不善。」若非禮勿視，非禮勿言，則於口耳猶有所擇，是未足以言「踐形」。按孟子或問曰：「人之生於天地之間也，莫不有形；其有是形也，莫不有色。而本其所得於天者，則是形是色，莫不有所以然之故焉，莫不有所當然之則焉，是則所謂天性者也。然衆人梏於氣稟之偏，狃於習俗之蔽，而不能無人欲之私，是以視則不明，聽則不聰，貌則不恭，言則不從，蓋不能盡其形色本然之理，則雖有是形，而無以踐其形也。惟聖人能盡其性，而無一毫人欲之私雜於其間，是以視則極明，聽則極聰，貌則極恭，言則極從，蓋凡形色本然之理，無一不盡。既有是形，而又可以踐其形焉。踐云者，本有是物，而又能修其實以副之，如踐言之踐也。程子、張子、游、楊、尹氏，蓋皆此意。」

仁也者人也章

仁者，以道之在人者名之也。立人之道，則仁之名所以立。合而言之，則仁與人泯矣，此其所以爲道也。按孟子或問曰：「言人而不及仁，則血氣物欲之私而已；言仁而不即人之身以明之，則又徒爲虛言，而無以見天理流行之實。故必以仁之理合於人之身而言，然後仁之爲道可見。蓋仁則性而已矣，道則父子之親、君臣之分，見於人之身而尤著。程子所謂『公而以人體之』，亦此意也。游氏以人仁泯而後爲道，謝氏以道立而人仁之名亡，其皆老氏之餘乎。」

游定夫先生集卷三

中庸義

按：先生所著中庸義一卷，宋新昌石氏子重曾編入中庸集解中，其後朱子刪集解爲輯略，又爲或問，以明諸家之醇駁，及中庸章句成，乃以輯略、或問並附諸後。故中庸序並舉三書也。輯略行，集解遂微，元時已罕見本書，惟宋衛正叔湜禮記集説載其全文。吾友獨山莫子偲友芝嘗于集説中抄出，復取輯略及真氏集編、趙氏纂疏所引，校其文句，補脱存異，以還石氏之舊，刊之。今觀游先生裔孫文遠所刻廌山集，其中庸義一卷，蓋從輯略中抄出者，故凡集解中所引，多不載焉。予按莫氏校刊中庸集解序云：「輯略之成，已不盡出朱子手，而今世流傳，又唯吕信卿所刊唐荆川宋本，其中或問所駁先儒諸説，多所芟節，有竟削不存者，亦有或問斥其記録失真，而仍載書中者。四庫全書提要已謂『其故不可得詳』。因細攷之，尚有章句引用而亦芟棄者，有或問並出可否而存此刪彼者，有以張、楊語爲程子語者，有遺脱語句其義不完者。意雖朱子門人，當不率陋至是。必唐、吕私有增損，抑或苟且就雕，致懵學者，非得石氏本書，亦誰從覺其非哉？又跋真氏所引輯略，在今本外者尚四十餘條，言皆大醇，非應删者。私意真氏未引，爲唐、吕刊落者，必猶有若干條。輯略既非完本，則集解愈足珍惜」云云。故予今校訂先生中庸義，即據莫氏校刊中庸集解本，全録先生原文，並取朱子中庸或問論游氏者，節録于各條之下，庶使學者得見先生之全書，並可由朱子之言以折衷義理之至當云。

「天命之謂性」至「修道之謂教」

「惟皇上帝，降衷于下民」，則天命也。若遁天倍情，則非性矣。天之所以命萬物者，道也。而性者，具道以生也。因其性之固然，而無容私焉，則道在我矣，此「率性之謂道」也。若出於人爲，則非道矣上十六字，今輯略脱去，集編引有。夫道，不可擅而有也，固將與天下共之。故修禮以示之中，修樂以導之和，此「修道之謂教」也。或蔽於天，或蔽於人，爲我至於無君，兼愛至於無父，則非教矣。知「天命之謂性」，則孟子性善之説可見矣。或曰性惡，或曰善惡混，或曰有三品，皆非知天命者也。按中庸或問曰：「程子之論率性，正就私意人欲未萌之處，指其自然發見各有條理者而言，以見道之所以得名，非指修爲而言也。吕氏謂人雖受天地之中以生，而梏於形體，又爲私意小知所撓，故與天地不相似，而發不中節，必有以不失其所受乎天者，然後爲道，則所謂道者，又在修爲之後，而反由教以得之，非復子思、程子所指人欲未萌、自然發見之意矣。游氏所謂『無容私焉，則道在我』，楊氏所謂『率之而已』者，似亦皆有呂氏之病也。」又曰：「游氏以『遁天倍情爲非性』，又不若楊氏『人欲非性』之云也。」

「道也者不可須臾離也」至「必慎其獨也」

道外無性，性外無道，曾謂性而不可離乎「不」字疑衍？故惟盡性然後能體道，惟至誠然後能盡性。苟未至於至誠，則常思誠以爲入道之階，故「戒謹其所不睹，恐懼乎其所不聞」，所以「謹其獨」而思誠也。人所不睹，可謂隱矣，而心獨見之，不以趨作『亦』見乎？人所不聞，可謂微矣，而心獨聞之，不亦顯乎？知「莫見乎隱，莫顯乎微」，而不能謹獨，是自欺也，其離道遠矣。輯略刪。

「喜怒哀樂之未發」至「萬物育焉」

極中和之理，則天地之覆載，四時之化育，在我而已。故曰「天地位焉，萬物育焉」。然則三公所以燮理陰陽者，豈有資於外哉？亦盡吾喜怒哀樂之性而已。今輯略無，真引有。

「仲尼曰君子中庸」至「小人而無忌憚也」

道之體無偏，而其用則通而不窮。無偏，中也；不窮，庸也。以性情言之，則爲中和；以德行言之，則爲中庸。其實一一多「道」字也。君子者，道中庸之實也。小人則竊中庸之名，而實背之，是中庸之賊也，故曰「反中庸」此下九十五字輯略删。君子之於中庸，自幼壯至於老死，自朝旦至於暮夜，所遇之時，所遭之事，雖不同，其爲中一也，故謂之「時中」，言行小變而不失其大常也。小人之於中庸，則「居之似忠信，行之似廉潔」，而居之不疑，或詭激以盜名，進鋭退速，此所謂「無忌憚」而「反中庸」也。按中庸或問曰：「『「小人之中庸」』，王肅、程子悉加「反」字，蓋疊上文之語。然諸説皆謂小人實反中庸，而不自知其爲非，乃敢自以爲中庸而居之不疑，如漢之胡廣、唐之吕温、柳宗元者，則其所謂中庸，是乃所以爲無忌憚也。如此，則不煩增字，而理亦通矣。』曰：『小人之情狀，固有若此者矣，但以文勢考之，則恐未然。蓋論一篇之通體，則此章乃引夫子所言之首章，且當略舉大端，以分别君子、小人之趨向，未當遽及此意之隱微也。若論一章之語脈，則上文方言君子中庸而小人反之，其下且當平解兩句之義以盡其意，不應偏解上句而不解下句，又遽别生他説也。故疑王肅所傳之本爲得其正，而未必肅之所增。程子從之，亦不爲無所據而臆決也。諸説皆從鄭本，雖非本文之意，然所以發明小人之情狀，則亦曲盡其妙，而足以警乎鄉原亂德之奸矣。』」

子曰中庸其至矣乎民鮮能久矣

德至於中庸，則全之盡之，不可以有加矣，故曰「其至矣乎」。舜之爲大知，則用此道而至也；顔淵之爲賢，則擇此道而求其至也；若舜之爲大孝，武王、周公之爲達孝，則由此道而成名也；子路問强，則將進此道而已；哀公問政，則將行此道而已；自「脩身」以至「懷諸侯」，皆出於此道。不其至矣乎！然非至誠無息者，不足以體此；非自强不息者，不能以致此。故久於其道者鮮矣。輯略刪。按中庸或問曰：「『民鮮能久，或以爲民鮮能久於中庸之德，而以下文「不能期月守」者證之，何如？』曰：『不然。此章方承上章「小人反中庸」之意而泛論之，未遽及夫不能久也。下章自能擇中庸者言之，乃可責其不能久耳。兩章各是發明一義。』」

「子曰道之不行也」至「鮮能知味也」

知出於知性，然後可與有行。「知者過之」，非知性也，故知之過，而行之不至也。己則不行，其能行於天下乎？若鄒衍之談天，公孫龍之詭辨，是知之過也。愚者又不足以與此，此道之所以不行也。行出於循理，然後可與有明。「賢者過之」，非循理也，故行之過而知之不至也。己則不知，其能明於天下乎？若楊氏「爲我」，墨氏「兼愛」，是行之過也。不肖者又不足以與此，此道之所以不明也。道不違物，存乎人者，日用而不知耳，故以飲食況之。飲食而知味，非自外得也，亦反諸身以自得之而已。夫行道，必自致知始。使知道如知味，是道其憂不行乎？今也「鮮能知味」，此道之所以不行也。

「子曰舜其大知也與」至「其斯以爲舜乎」

「好問而好察邇言」，求之近也；「隱惡而揚善」，取之易也。此好善優於天下，而爲知大矣。「立天之道曰陰與陽，立地之道曰柔與剛，立人之道曰仁與義」。夫道，一而已，其立於天下，則有兩端。故君子有剛克焉，執其義之端也；有柔克焉，執其仁之端也。「執其兩端」，而用之以「時中」，此九德所以有常，而三德所以用人也。以先覺覺後覺，以中養不中，此舜之所以爲舜也。其曰二字據纂疏增「其斯以爲舜」，則絶學無爲也。輯略删。按中庸或問曰：「游氏以舜爲『絶學無爲』，則老、佛之餘緒，非儒者之言也。」

「子曰人皆曰予知」至「而不能期月守也」

今定内外之分，辯榮辱之境，「見善如不及，見不善如探湯」，則君子所謂知也。今也乘時射利，而甘心於物役，以自投於苟賤不廉之地，是猶「納之罟擭陷阱之中」而不知辟也。此於榮辱之境昧矣，其能「如探湯」乎？「擇乎中庸」，則知及之矣，而「不能以期月守」，則勢利得以奪之也。此於内外之分易矣，其能「如不及」乎？若是者，彼自謂知，而愚孰甚焉！故繼舜言之，以明其非知也。輯略刪。

「子曰回之爲人也」至「而弗失之矣」

「道之不行，知者過之」，如舜之知，則道之所以行也；「道之不明，賢者過之」，如回之賢，則道之所以明也。「擇乎中庸」，見善明也。得一善，則服膺不失，用心剛也。

「子曰天下國家可均也」至「中庸不可能也」

天下國家之富可均以與人，爲惠者能之；爵禄之貴可辭，爲廉者能之；白刃可蹈，爲勇者能之。然而「中庸不可能」者，誠心不加，而無擇善固執之實也。輯略刪。

「子路問强」至「强哉矯」

中庸之道，造次顛沛之不可違，惟自强不息者爲能守之。故以「子路問强」次「顔淵」。所謂强者，非取其勝物也，自勝而已，故以南方之强爲君子。强也者，道之所以成終始也，故自「和而不流」至於「至死不變」，皆曰「强哉矯」，蓋其爲中雖不同，而其貴不已一也上六十五字輯略删。

「子曰素隱行怪」至「唯聖者能之」

「吾弗爲之」，處其實而遺其名也；「吾弗能已」，樂其内而忘其外也。其用心若此，則可以入中庸之道矣，故繼言「君子依乎中庸」。依之爲言，無時而違也，非「至誠無息」者，不足以與此。若「三月不違仁」，未免於有所守也。「遯世不見知而不悔」者，疑慮不萌於心，「確乎其不可拔」也。非離人而立於獨者，不足以與此。若「不遠復」者，未免於有念也，故曰「惟聖者能之」。輯略删。按中庸或問曰：「游氏所謂『離人而立於獨』與夫『未免有念』之云，皆非儒者之語也。」

「君子之道費而隱」至「察乎天地」

道之用贍足萬物，而萬物莫不資焉，故言「費」；其本則視之不見，聽之不聞，故曰「隱」。猶言肆而隱也。唯「費」也，則良知良能所自出，故夫婦之愚不肖可以與知而能行焉；唯「隱」也，則非有思者所可知，非有爲者所可能，故聖人有所不知不能焉。蓋聖人者，德之盛而業之大者也。過此以往，則神矣。無方也，不可知；無體也，不可能。此「七聖皆迷」之地也。「天地之大，人猶有所憾」者，則祁寒暑雨之失中故也。君子之道，無往而非中也。其大無外，而中無不周，故「天下莫能載」；其小無間，而中無不足，故「天下莫能破」。上極於天，下蟠於淵，中無不在也，故「上下察」。是道也，以爲高遠邪？則「造端乎夫婦」。以爲卑近邪？則「察乎天地」。孝經曰：「事父孝，故事天明；事母孝，故事地察。」蓋事父母之心，雖夫婦之愚不肖，亦與有焉。及其至也，「天地明察，神明彰矣」，則雖聖人之德，又何以加此？此中庸所以爲至也。輯略删。按中庸或問曰：「游氏之説，其不可曉者尤多。如以「良知良能之所自出」爲道之費，則良知良能者，不得爲道，而在道之外矣。又以『不可知』『不可能』者爲道之隱〔一〕，則所謂道者，乃無用之長物，而人亦無所賴於道矣。所引『天地明察』，似於彼此文意兩皆失之。至於所謂『七聖皆迷之地』，

〔一〕者，原作「也」，據中庸或問上改。

則莊生邪遁荒唐之語，尤非所以論中庸也。」

「子曰道不遠人」至「君子胡不慥慥爾」

仁，人心也；道，自道也。則是道不離自心而已，夫何遠之有？人之爲道而不本於心，則違道也遠矣，故終不可以入道。爲道而不本於心，則「執柯伐柯」之譬也，故曰「其則不遠」。此盡己之忠也。然道非彼也，心非此也，以心望道，猶爲兩物也，故「睨而視之，猶以爲遠」。由此觀之，道固不可以頓進也。修身猶然，而況於治人乎？故君子不以道責人，而「以人治人」，取其「改而止」，此盡物之恕也。使其盡道以望人，則改而不止，則是中也棄不中，非中庸之道也。夫道一以貫之，無物我之間也。既曰「忠恕」，則已「違道」矣。然忠以盡己，則將以至忘己也；恕以盡物，則將以至忘物也。則善爲道者，莫近焉，故雖違而「不遠」矣。「施諸己而不願，亦勿施於人」，則以忠恕之方而參彼己之道也。參彼己者，亦將致一而後已也。「某未能一」者，夫子之得邦家也，則人倫正而五品遜矣，何未能之有？唯夫子之道不行于天下，則有求於世人，而未得者矣。其曰「某未能一」者，自任以天下之重，而責己之周也。孟子謂「舜爲法於天下，而我猶未免爲鄉人」，亦是意也。所謂「出則事公卿，入則事父兄，何有於我者」，以在己者言之，非有所求於他人者也。「庸德之行」，是行以德成，而德之外無餘行；「庸言之謹」，是言以行出，而行之外無餘言上四百十六字輯略删。「有所不足，不敢不勉」，將以踐言也，則其「行顧言」矣；「有餘不敢盡」，恥躬之不逮也，則其「言顧行」矣。言行相顧，則於心無餒，故曰「胡不慥慥爾」。「慥慥」，心之實也。按中庸或問曰：「游氏之説其病尤多，至謂『道無物我之間，而忠恕將以至於忘己忘物，則爲已違道而猶未遠也』，是則老、莊之遺意，而遠人甚矣，豈中庸之旨哉？」

「君子素其位而行」至「反求諸其身」

「素其位而行」者，即其位而道行乎其中，若其素然也。「舜之飯糗茹草，若將終身」，此非素貧賤而道行乎貧賤不能然十三字本作「素貧賤行乎貧賤」七字也；及其爲天子，被袗衣、鼓琴，若固有之，此非素富貴而道行乎富貴不能然十三字本作「素富貴行乎富貴」七字也。飯糗、袗衣，其位雖不同，而此道之行一也。至於夷狄、患難，亦若此而已。道無不行，則「無入而不自得」矣。蓋道之在天下，不以易世而有存亡，故無古今；則君子之行道，不以易地而有加損，故無得喪。此君子之得於心者然也十字輯略删。至於「在上位不陵下」，知富貴之非泰也；「在下位不援上」，知貧賤之非約也。此唯「正己而不求於人」者能之。故能「上不怨天」，以在我者有義也七字删；「下不尤人」，以在物者有命也。此君子之見於行者然也廿一字删。蓋君子爲能循理，故「居易以俟命」，居易未必不得也，故窮通皆好；小人反是，故「行險以徼幸」，行險未必常得也，故窮通皆醜。學者要當篤信而已。「射有似乎君子」者，射者發而不中，則必反而求其不中之因。意者志未正邪？體未直邪？持弓矢而未審固邪？然而不中者寡矣。君子之正身亦若此也。「愛人不親反其仁，治人不治反其智，禮人不答反其敬。行有不得者，皆反求諸己」而已，而何怨天尤人之有哉？「失諸正鵠」者，「行有不得」之況也。按中庸或問曰：「游氏説亦條暢，而『存亡』『得喪』『窮通』『好醜』之説尤善。」

「君子之道譬如行遠」至「其順矣乎」

「行遠必自邇」，自家以達國也；「升高必自卑」，由人以之天也。「妻子好合」，然後兄弟翕；「兄弟既翕」，然後父母順。蓋「刑於寡妻，至於兄弟」，以順於父母，則家道正矣，於治國也何有？家道正，則人道立矣，於天道也何有？知事於邇且卑者，則遠且高者之理得矣。輯略删。

「子曰鬼神之爲德」至「如此夫」

道無不在，「明則爲禮樂，幽則爲鬼神」。鬼神具道之妙用也，其德固不盛歟？夫欲知鬼神之德者，反求諸其心而已。神將來舍，則是「神之格思」也。若正心以度之，則乖矣，所謂「不可度思」也。正心本誤「己」，依趙引度之猶不可，又況得而忘之乎？所謂「不可射思」也。不可度，故視不見、聽不聞；不可射，故「如在其上，如在其左右」也。「微本誤「爲」，依趙改之顯」者，其理也；「誠之不可揜」，以其德言也。故不可揜。「夫微之顯」如此，以其「誠之不可揜」也。誠則物物皆彰矣，輯略删。按中庸或問曰：「游、楊之説皆有不可曉者。」

「子曰舜其大孝也與」至「故大德者必受命」

中庸以人倫爲主，故以孝德言之下十六字輯略删。雖外物不可必，要不害其有必得之理也。

「子曰無憂者」至「無貴賤一也」

武王之事，非本作「言」聖人所欲爲也，故曰「壹戎衣而有天下，身不失天下之顯名」。謂之「不失」，則與必得異矣。乃如其道，則「尊爲天子，富有四海之內，宗廟饗之，子孫保之」，與舜未始不同也。武王於泰誓三篇稱文王爲文考，至武成而柴望然後稱文考爲文王，仍稱其祖爲大王、王季。然則周公追王大王、王季者，乃文王之德，武王之志也，故曰「成文、武之德」。不言文王者，武王既追王矣。武王既追王，而不及大王、王季，以其「未受命」，而其本脱此字序有未暇也。禮記大傳載牧野之奠，追王大王亶父、王季歷、文王昌，亦據武成之書，以明追王之意出於武王也。世之説者，因中庸無追王文王之文，遂以謂文王自稱王，豈未嘗考泰誓、武成之書乎？君臣之分猶天尊地卑，紂未可去，而文王稱王，是二天子也。服事商本作「殷」之道，固如是耶？書所謂「大統未集」者〔二〕，後世以「虞芮質厥成」爲文王受命之始故也。當六國時，秦固以長雄天下，而周之號微矣〔三〕，辛垣衍欲帝秦，魯仲連以片言折之，衍不敢復出口。蓋名分之嚴如此。故以曹操之英雄，逡巡於獻帝之末而不得逞，彼蓋知利害之實也。曾謂至德如文王，一言一動，順帝之則，而反盜虚名而拂天理乎？且武王觀政于商，而須暇之五年，非僞爲也。使紂一日有悛心，則武王當與天下共尊之，必無牧野之事。然則文王已稱之，名將安所歸乎？此天下之大戒，故不得不辨，亦所以正人心也。按中庸或問曰：「游

〔二〕清鈔本、四庫本「大統未集」前有「九年」二字。
〔三〕清鈔本、四庫本「號」前有「位」字。

氏引泰誓、武成，以爲文王未嘗稱王之證，深有補於名教。然歐陽、蘇氏之書亦已有是說矣。郊禘，呂、游不同，然合而觀之，亦表裏之說也。」又按朱子語類：「問：『「身不失天下之顯名」與「必得其名」，須有些等級不同〔一〕。』曰：『游、楊是如此說，尹氏又破其說。然看來也是有此意〔二〕。如堯、舜與湯、武，真箇爭分數，有等級，只看聖人說韶、武處便見。』」

「子曰武王周公」至「治國其如示諸掌乎」

大孝，聖人之絶德也；達孝，天下之通道也。要其爲人倫之至二字本脱，則一也。故「繼志」「述事」之末，亦曰「孝之至也」。「事死如事生」，以慎終者言之；「事亡如事存」，以追遠者言之。故本脱「故」字始死謂之死，既葬則曰「反而亡焉」，此死、亡之辨也。「唯聖人爲能饗帝，孝子爲能饗親」，饗帝一德也，饗親一心也，要「不過乎物」而已，其於慶賞刑威乎何有？故曰「明乎郊社之禮，禘嘗之義，治國其如示諸掌乎」。成王自謂「予沖子，夙夜毖祀」，此亟衡之要道也。祭祀之

〔一〕些，原作「此」，據朱子語類卷六三改。
〔二〕然，原脱，據朱子語類補。

義，非精義不足以究其説，非體道不足以致其義。蓋「唯聖人爲能饗帝」，爲其盡人道而與帝同德；「孝子爲能饗親」，爲其盡子道而與親同心也。仁孝之至，通乎神明，而神祇、祖考安樂之，則於「郊社之禮，禘嘗之義」，始可以言「明」矣。夫如是，則於爲天下國家也何有？輯略删。按中庸或問謂：「郊、禘，吕、游不同，然合觀之，亦表裏之説。」則此條疑非删，或今本脱。又按朱子嘗曰：「游氏説郊社之禮，所謂惟聖人爲能饗帝；禘嘗之義，謂惟孝子爲能饗親。意思甚周密。」

「哀公問政」至「不可以不知天」

螟蛉有可化之質，蜾蠃有能化之材，知是説然後可與言政也。然則政之所託，可非其人乎？故曰「爲政在人」。人固易未知，若規矩準繩在我，則方圓曲直無所逃矣，故曰「取人以身」。規矩準繩無他，人道而已，故「修身以道，修道以仁」。在上欲得乎民，在下欲獲乎上，皆以修身爲本十八字輯略删。「失其身而能事其親，吾未之聞矣」，故修身然後能事親八字本脱。至於能事親，則修身之至也，故曰「思修身，不可以不事親」十一字本脱。知事親，則德之本立矣，而「不知人」，則上以事君，下以取友，去就從違，莫知所向，而貽其親之憂者有矣。蓋「取人以身」，不能事親，安所取人哉？其序由事親然後能知人，至於廿六字本脱能知人，則事親之至也，故曰「思事親，不可以不知人」上十一字本脫，下七十五字輯略刪。知人者智也，而明或不足以自知，將逆詐、億不信，而不肖之心應之，莫知其然也。蓋知人者可與言理，知天者可與言性，至於能知天，則知人之至也。「親親之殺」，事親者能之；「尊賢之等」，知人者能之。

「天下之達道五」至「則知所以治天下國家矣」

人倫，天下所共由也，故謂之「達道」；知、仁、勇，天下所同得也，故謂之「達德」。德者，得乎道也，故曰「所以行之者三」；三德之成功，至誠而已，故曰「所以行之者一」。知者，知此道也，故曰「好學近乎知」；仁者，體此道也，故曰「力行近乎仁」；勇者，進此道也，故曰「知恥近乎勇」。蓋知恥則能有所不爲，有所不爲而後可以有爲矣上百十七字輯略刪。「仁者不憂，知者不惑，勇者不懼」，此成德也，孔子自謂「我無能焉」。夫成德，豈易得乎？能知好學、力行、知恥，則可以入德矣。

「凡爲天下國家有九經」至「所以行之者一也」

經者，其道有常而不可易，其序有條而不可紊。「取人以身」，故修身然後知賢之可尊上三十二字輯略删。「齊明」所以一其志，「盛服」所以修其容。「非禮勿動」，則内無逸德，外無過行，内外進矣，則本脱「則」字「富貴不能淫，貧賤不能移」，故「修身則道立」。「去讒」則任之專，「遠色」則好之篤，「賤貨」則義利分，「貴德」則真僞核。夫如是，則見善明，用心剛矣本脱上十七字，故「尊賢則不惑」。「尊其位」，所以貴之；「重其禄」，所以富之；同其好，以致其利；同其惡，以去其害。則禮備而情親，諸父兄弟所以望乎我者足矣，故「親親」則「不怨」。「不惑」在理，故於「尊賢」言之；「不眩」在事，故於「敬大臣」言之。輯略删。按：「不惑在理」四句，裁入章句，似不應删。人情莫不欲逸也，「時使」之而使有餘力；莫不欲富也，「薄歛」之而使有餘財，則「子庶民」之道也，故「百姓勸」。「日省月試」以程其能，「既稟一作「廪」稱事」以償其勞，則惰者勉而勸者説一作「悦」矣，此「來百工」之道也，故「財用足」。「送往迎來」以厚其禮，「嘉善而矜不能」以致吾仁，待之者甚周，責之者甚約，此「柔遠人」之道也，故「四方歸之」。「繼絶世」則賢者之類無不説一作「悦」，「舉廢國」則功臣之後無不勸，亂者懼焉，危者怙焉。其來也節以時，其往也遺以禮，則「懷諸侯」之道也，夫如是，則德之所施者博，而威之所制者廣矣，故「天下畏之」。經雖有九，而「所以行之者一」一作「一者」，誠而已。不誠，則九經爲虛文，是無物也。

「凡事豫則立」至「道前定不窮」

豫者，前定之謂也。唯至誠爲能定，唯能一作「前」定爲能應，故以言則必行，以事則必成，以行則無悔本作「侮」，以道則無方。誠定之效如此，故繼九經言之。

按中庸或問曰：「『所謂前定何也？』曰：『先立乎誠也。先立乎誠，則言有物而不躓矣，事有實而不困矣，行有常而不疚矣，道有本而不窮矣。諸説惟游氏誠定之云得其要。』」

「在下位不獲知乎上」至「不誠乎身矣」

「欲誠其意，先致其知」，故「不明乎善，不誠乎身矣」。學至於誠身，安往而不致其極哉！以内則順乎親，以外則信乎友，以上則可以得君，以下則可以得民，此舜之「允塞」，所以「五典克從」也。

「自誠明」至「有則誠矣」

「自誠明」，由中出也，故可名於「性」；「自明誠」，自外入也，故可名於「教」。誠者因性，故無不明；明者致曲，故能有誠。學不可以已，加之誠意而已。其誠不息，則「雖愚必明」，況其本智乎？「雖柔必强」，況其本剛乎？「及其成功一也」，豈不信哉！輯略刪。

「唯天下至誠爲能盡其性」至「可以與天地參矣」

「萬物皆備於我一多「矣」字，反身而誠，樂莫大焉」，故「惟天下至誠，爲能盡其性」。千萬人之性，一己之性是也，故「能盡其性，則能盡人之性」；萬物之性，一人之性是也，故「能盡人之性，則能盡物之性」。同焉皆得者，各安其常，則「盡人之性」也；羣然皆生者，各得其理，則「盡物之性」也。至於盡物之性，則和氣充塞，故「可以贊天地之化育」。夫如是，則天覆地載，教化各任其職，而成位乎其中矣。按中庸或問曰：「吕、游、楊説皆善。」

「其次致曲」至「惟天下至誠爲能化」

誠者，不思不勉，直心而徑行也。其次，則臨言而必思，不敢縱言也；臨行而必擇，不敢徑行也。故曰「致曲」。曲，折而反諸心也，擬議之間，鄙詐不萌而忠信立矣，故「曲能有誠」。有諸中必形諸外，故「誠則形」。形於身，必著於物，故「形則著」。誠至於著，則内外洞徹，清明在躬，故「著則明」。明則有以動衆，故「明則動」。動則有以易俗，故「動則變」。變則革污以爲清，革暴以爲良，然猶有迹也。化則其迹泯矣，日用飲食而已。至於化，則神之所爲也，非天下之至誠，孰能與於此？按中庸或問曰：「游氏說亦得之。但說『致曲』二字不同，非本意耳。」

「至誠之道可以前知」至「故至誠如神」

「至誠之道」，精一無間，「心合於氣，氣合於神」，無聲無臭，而天地之間物莫得以遁其形矣。不既神矣乎？此非人所能測也。至於前知之實，則近考諸身，遠驗諸物，大有以知國家之興亡，小有以知一身之禍福，此人之所同見也，故「至誠如神」。「如神」云者，因人所言見之也。輯略刪。按中庸或問曰：「游氏『心合於氣，氣合於神』之云，非儒者之言也。且心無形而氣有物，若之何而反以是爲妙哉？」

「誠者自成也」至「故時措之宜也」

誠者，非有成之者，自成而已；其爲道，非有道之者一無「爲」字，自道而已。自成自道，猶言「自本自根」也。以性言之爲誠，以理言之爲道，其實一也。按中庸或問曰：「自成自道，如程子說，乃與下文相應。游、楊皆以無待而然論之，其說雖高，然於此爲無所當，且又老、莊之遺意也。」

「故至誠無息」至「純一不已」

「至誠無息」，「天行健」也，若「文王之德之純」是也。未能無息而本作「無」，依纂疏不息者，君子之自强也，若顔子「三月不違仁」是也。不息則可久，非日月至焉者也，故曰「不息則久」。久則根於心，而施於四體，四體不言而喻，故曰「久則徵」。不息而有徵，則其行將與天同運，其立將與地同處，故曰「徵則悠遠」。夫如是，則下與地同德，上與天同道矣，故「悠久則博厚，博厚則高明」。博厚如地，故能任天下之重，是「所以載物」；高明如天，故能冒天下之道，是「所以覆物」。博厚而不久，則載物之德隳一作「隳」矣；高明而不久，則覆物之道闕一作「缺」矣。是則悠久者，天地所以成終一無此字成始也，故「所以成物」。輯略節上四十三字爲一條，餘删去。誠至於此，則非人爲所能及也，天德而已矣，故「未施敬於民而民敬之」，是不待見而章也；「未施信於民而民信之」，是不待動而變也。夫何爲哉？「恭己正南面而已矣」，是「無爲而成」也。由此觀之，天覆地載，而聖人所以成天地之功者，至誠而已，故曰「天地之道，可以一言而盡也」。「其爲物不貳，則其生物不測」者，此又申言天地之道可盡於一言也。「其爲物不貳」，天地之得本作「德」，依纂疏一也，一則不已，故覆載萬物，雕刻衆形，而莫知其端也，故曰「生物不測」。聖人所以參天地而應無方，亦若此而已。博厚也，高明也，悠久也，此不貳之實也。至於昭昭之無窮，則「日月星辰繫焉」；撮土之廣厚，則「載華嶽而不重，振河海而不洩」，此生物不測之驗也，非特天地爲然。如山之廣大，則「寶藏興焉」，況載華嶽者乎？水之不測，則「貨財殖焉」，況振河海者乎？載物者猶然，況覆物者乎？故「天地之所以爲天地，文王之所以爲文王」，皆原於「不已」。純者，「不已」之謂也。然則一言而盡，豈不信乎？按中庸或問曰：「此章之說，最爲繁雜，如游、楊無息、不息之辨，恐未然。若如其言，則『不息則久』以下，至何地位，然後爲無息邪？游氏又以『得一』形容不二之意，亦假借之類也，字雖密，而意則疏矣。」

「大哉聖人之道」至「其斯之謂與」

「發育萬物，峻極于天」，至道之功也；「禮儀三百，威儀三千」，至道之具也。「洋洋乎」，言上際乎天，下蟠於地也；「優優大哉」，言動容周旋中禮也。夫以三百、三千之多儀，非天下至誠，孰能從容而盡中哉？故曰「待其人然一作「而」後行」。蓋盛德之至者，人也，故曰「苟不至德，至道不凝焉」。至德非他，至誠而已矣。「懲忿窒欲」「閑邪存誠」，此「尊德性」也。非「學以聚之，問以辨之」，則擇善不明矣，故繼之以「道問學」。「尊德性而道問學」，然後能「致廣大」。尊其所聞，行其所知，充其德性之體，使無不該徧，如卷石之山積之至於廣大，如一勺之水積之至於不測上廿二字輯略節刪，此「致廣大」也。非「盡精微」，則無以極深而研幾也，故繼之以「盡精微」。「致廣大而盡精微」，然後能「極高明」。始也未離乎方，今則無方矣；始也未離乎體，今則無體矣。離形去知一作「智」，廓然大通，此「極高明」也。非「道中庸」，則無踐履可據之地，不幾於蕩而無執乎，故繼之以「道中庸」。高明者，中庸之妙理；而中庸者，高明之實德也，其實非兩體也下百四十八字輯略刪。「尊其德性而道問學」，人德也；「致廣大而盡精微」，地德也；「極高明而道中庸」，天德也。自人之天，則上達矣，而下學者不可以已也。故「溫故而知新」，所以博學而詳說之也；「敦厚以崇禮」，所以守約而處中也。約之之道，舍禮何以哉？以此居上，則舜之袗衣、鼓琴，若固有之，故「不驕」；以此爲下，則孔子之乘田、委吏，各任其職而已，故「不倍」。或出或處，或默或語，時措之宜也，豈干時犯分以蹈大禍哉？按中庸或問曰：「游氏分別至道、至德爲得之，惟『優優大哉』之說爲未善。而以無方無體、離形去智爲極高明之意，又以人德、地德、天德爲德性廣大高明之分，則其失愈遠矣。」

「王天下有三重焉」至「而蚤有譽於天下者也」

夏禮，杞不足徵；殷禮，有宋存焉；周禮，今用之。蓋去當世滋遠，則文獻益不足徵也，況三代而上乎？故「王天下有三重」而已。「三重」者，三代之禮也。禮者，王天下之道，莫重焉，故聖王重之。「上焉」者，五帝之禮，其事不可考，而無以示民；「下焉」者，五霸之功，其道不足稱，而無以動民。是以聖人稽古之禮不過三王，而師古之道上及五帝。若「通其變，使民不倦，神而化之，使民宜之」，雖百世聖人不能易也。如其損益之禮，止言夏、殷、周而已。然五帝之道，至堯舜而明；三千之禮，至文王而備。此經所以言「仲尼祖述堯舜，憲章文武也」。全體不偏之謂中，利用不窮之謂庸，此三極之道，萬世不可易之理也。以此修身則有本，以此施之庶人則有徵。三王者推此道以盡制也，天地者體此道以成物也，故「考諸三王而不謬，建諸天地而不悖」；鬼神者主此道以應物也，聖人者守此道以盡倫也，故「質諸鬼神而無疑，百世以俟聖人而不惑」。由明則爲天地，由幽則爲鬼神，故「建諸天地而不悖」，則「質諸鬼神而無疑」矣；由前則爲三王，由後則爲百世之聖，故「考諸三王而不謬」，則「百世以俟聖人而不惑」矣。三王以業言也，故稱「不謬」；天地以性言也，故稱「不疑」；聖人以德言也，故稱「不惑」。鬼神與天地同德，故質之不疑爲「知天」；聖人與人爲徒，故俟之不惑爲「知人」。天人之道至矣，則動而爲道，行而爲法，言而爲則。不獨可以行於一方，固可以善天下；不獨可以行於一時，固可以傳後世。遠者慕之，近者懷之，盛德之實著矣，令聞安所逃哉？輯略刪。

「仲尼祖述堯舜」至「此天地之所以爲大也」

中庸之道至仲尼而集大成，故此書之末以仲尼明之。道著於堯、舜，故「祖述」焉；法詳於文、武，故「憲章」焉。體元而亨，利物而貞，一喜一怒，通於四時，夫是之謂「律天時」；「修其教不易其俗，齊其政不易其宜」，使四一作「五」方之民，各安其常，各成其性，夫是之謂「襲水土」。「上律天時」，則天道之至教修；「下襲水土」，則地理之異宜全矣。故「博厚配地」，「無不持載」；「高明配天」，「無不覆幬」。變通「如四時之錯行」，照臨「如日月之代明」。小以成小，大以成大，動者植者，皆裕如也，是謂「並育而不相害」；或進或止，或久或速，無可無不可，是謂「並行而不相悖」本脱「相」字。動以利物者，知一作「智」也，故曰「小德川流」；靜以裕物者，仁也，故曰「大德敦化」。言川流則知敦化者，仁之體；言敦化則知川流者，知一作「智」之用。

「唯天下至聖」至「其孰能知之」

「聰明睿知」一作「智」，聖德也；「寬裕温柔」，仁德也；「發强剛毅」，義德也；「齊莊中正」，禮德也；「文理密察」，知一作「智」德也。「溥博」者，其大無方一作「外」；「淵泉」者，其深不測。或容以爲仁，或執以爲義，或敬以爲禮，或别以爲知一作「智」，唯其時而已，此所謂「時出之」也。夫然，則一作「故」外有以正天下之觀，内有以通天下之志，是以見而民敬，言而民信，行而民説，自西自東，自南自北，莫不心説而誠服。此至聖之德也，天下之大經，五品之民彝也。凡爲天下之常道，皆可名爲經，而民彝爲大經。「經綸」者，因性循理而治之，無汨其序之謂也。「立天下之大本」者，建中于民也。「淵淵其淵」，非特如淵而已；「浩浩其天」，非特如天而已。此至誠之道也。德者其用也，有目者所共見，有心者所共知，故本脱此字〔二〕「凡有血氣者，莫不尊親」；道者其本也，非道同志一，莫窺其

〔二〕此，原作「叱」，據中庸集解卷下改。

奥，故曰「苟不固聰明聖知一作「智」達天德者，其孰能知之」。蓋至誠之道，非至聖不能知；至聖之德，非至誠不能爲。故其言之序相因如此。按中庸或問曰：「斿氏以上章爲言至聖之德，下章爲言至誠之道者，得之，其説自『德者其用』以下皆善。」

「詩曰衣錦尚絅」至「無聲無臭至矣」

自此以下，皆言中庸之道，以至誠爲至也。君子用心於内，故「闇然而日章」，作德而休也；小人用心於外，故「的然而日亡」，作僞而拙也。無藏於中，無交於物〔二〕，泊然純素，獨與神明居，此「淡」也，然因性而已，故「不厭」；不失足於人，不失色於人，不失口於人，此「簡」也，然循理而已，故「文」；其心順，其氣平，其容婉，其色愉，薰然慈仁，此「温」也，然行而宜之，故「理」。「淡而不厭」，天德也；「簡而文」，地德也；「温而理」，人德也，若是爲成德。若「知遠之近，知風之自，知微之顯」者，入德之途也。「欲治其國，先齊其家」，「知遠之近」也。人人親其親，長其長，而天下平，可不謂「近」矣乎？「欲齊其家，先脩其身」，「知風之自」也。易於家人曰「風自火出，君子以言有物而行有常」，可不謂

〔二〕物，原作「外」，據清鈔本、四庫本及中庸集解卷下改。

所「自」乎?「欲脩其身，先正其心」，「知微之顯」也。夫道，視之不見，聽之不聞，而常不離心術日用之間，可不謂「顯」矣乎?知所以入德，則成德其庶幾乎。正心之道，誠意而已，故繼言輯略删上三百三字，而節録下廿八字爲一條「君子内省不疚，無惡於志。君子所不可及者，其唯人所不見乎」，言慎獨也本脱「也」字。下二百廿六字，輯略删。不息則久，久則天，故「君子不動而敬，不言而信」。天則神，故「君子不賞而民勸，不怒而民威於鈇鉞」，言不怒之威，嚴於鈇鉞也。德至於神，則甚顯而明，親譽息矣，故「君子篤恭而天下平」。夫何爲哉?「恭己正南面而已」，豈徒見於聲音顔色之間哉?蓋明德，化民之本也;聲音顔色之於化民，末也。故君子務本而已。所謂德者，非甚高而難知也，甚遠而難至也，舉之則是，故曰「德輶如毛」。既已有所舉矣，則必思而得，勉而中，是人道而有對也，故曰「毛猶有倫」。若夫誠之至，則無思無爲，從容中道，是天道也，故曰「上天之載，無聲無臭，至矣」。無聲無臭，則「則」字依纂疏增離人而立於獨矣，是天命之性也，故曰中庸於是終焉。

游定夫先生集卷四

易説

乾彖傳「大哉乾元」

乾曰「大哉」，坤曰「至哉」，大則无所不包，至則无所不盡。乾之大无方，而坤則未離乎方也。

乾象傳「終日乾乾反復道也」

「終日乾乾，反復於道也。」「反復」宜與復卦之「反復」同釋。「終日乾乾」，行事之時，而曰「反復道」，何也？蓋君子之行事，雖汲汲皇皇，而易簡之理未嘗離也，亦「行其所无事而已」。九三在下體之上，將離人而天矣，故有「反復道」之象。若夫「聖人作而萬物睹」，則天德之所爲，「確乎能其事而已」矣。雖有爲而未嘗爲，反復不容言矣。

文言傳「君子體仁」至「故曰乾元亨利貞」

道者天也，道爲萬物之奥，故足以統天；仁者人也，仁爲衆善之首，故「足以長人」。猶之萬物發育乎春，而震爲長子也。大爲之制，經爲三百，曲爲之防，詳爲三千，要皆歸于大中而已，故曰「嘉會足以合禮」，猶之萬物相見於夏，而離爲文明也。義主于刻制，而利不生於其間則不和。先王之義，勞之乃所以逸之，故民至于忘其勞；殺之乃所以生之，故民至于忘其死。蓋利之實行乎其中矣，故曰「利物足以和義」。猶之萬物彫悴於秋，而説言乎兑也。事以智謀，物以智創，智而不貞，則事不立。貞者，正而固也。謀之不正，則異議得以屈之；守之不固，則衆力得以傾之。豈事之幹耶？故曰「貞固足以幹事」。猶之萬物終藏於冬，而成言乎艮也。君子行此四德，則乾道在我矣，故曰「乾，元亨利貞」。

「初九曰潛龍勿用」至「潛龍也」

「龍德而隱」，故「不易乎世」；「龍德而正中」，故曰「善世而不伐」。「不易乎世」者，用舍在我，故「遁世无悶」；「不成乎名」者，非譽不在物，故「不見是而无悶」。「確乎其不可拔」，則「行一不義、殺一不辜而得天下，不爲矣」，非伯夷、柳下惠之徒，何足以與此？若孔子，則聖人之時，不專於「勿用」也。其易世之志，未嘗一日而忘，故曰「天下有道，丘不與易」也。

「潛龍勿用」至「乃見天則」

揲蓍之法，遇九六之數則變。乾以純陽，故陽極而亢；坤以純陰，故陰極而戰。如其不變，則亢而災，戰而傷，不能免也。乾以用九，則陽知險而變，故无首而吉；坤以用六，則陰知阻而變，故永貞而利。乾、坤純乎陰、陽者也，故有用九、用六，與他卦不同。將來者進，成功者退，天之則也，故「乾元用九，乃見天則」。

「君子學以聚之」至「君德也」

乾之道不盡於九二，故有「學」「問」；坤之道盛于六二，故「不習，无不利」。

坤

坤者，純陰之卦也。故初六陰生，有「履霜」之戒；六四重陰，有「天地閉」之象。

坤彖傳「至哉坤元」至「應地无疆」

乾曰「大哉」，坤曰「至哉」，大則无所不包，至則无所不盡。乾之大无方，而坤則未離乎方也。坤順承天，則於乾之道，亦无餘矣，特不出於天之外而已，故曰「至哉坤元」，言地道於是爲盡也。天下之道，至于易而盡，故曰「易其至矣」；天下之德，至于中庸而盡，故曰「中庸其至矣」。體易而崇德則日新，體易而廣業則富有，故曰「盛德大業，至矣哉」。「其靜也翕」，故曰「含弘」，「含」言无所不容，「弘」言无所不有；「其動也闢」，故曰「光大」，「光」言无所不顯，「大」言无所不被。四者坤元之德也。體坤德以有行者，非君子不足以與此，故曰「君子攸行」。「天行健」者，天之不已也。「无不覆幬」者，天之无疆，而地之持載足以配之，故曰「德合无疆」。蓋无疆者，以形言也。「德合无疆」者，地之配天也；「應地无疆」者，君子之法地也。知「君子攸行」，「應地无疆」，則知「乃順承天」之下「德合无疆」者，合乎天也。

坤六二「直方大」至「地道光也」

坤之六二，靜則爲中正，動則爲「直方」。坤之道盛於六二，而直方因動而後見也。不言直方，則「地道之光」不可得而見矣，故以動者言之。

文言傳「天地變化草木蕃」至「蓋言謹也」

「蓋言順也」，言順於命也。「坤至柔而動也剛，至靜而德方」，則用順亦必有所處，如齊之田氏、魯之三桓、晉之六卿，其勢之馴致，必至於不可解，夫胡可以用順耶？此初六之「堅冰」，所以明用順之弊也。「天地閉，賢人隱」，則「伏其身而弗見，閉其言而不出，藏其智而不發」，唯恐其不謹。如鄉鄰有鬭者，被髮纓冠而往救之，則非所以爲謹矣。此六四之「括囊」，所以明用順之善也。夫順何尤哉？「順性命之理」而已。苟「順性命之理」，安往而不善？

「君子黄中」至「美之至也」

「美在其中，而暢于四支，發于事業」，則周公其人也，故曰「公孫碩膚，赤舄几几」。公之大美「發于事業」者，既遜而不處；其「暢於四支」者，睟然見於動容周旋，皆盛德神明之容，不可得而形容也，徒見其「赤舄几几」而已。「赤舄几几」，「四體不言而喻」也。「黄中通理」者，養德性之源而通至理也；「正位居體」者，正爲臣之位而居坤體也。「通理」云者，非謂其見彼也，自見而已；非謂其聞彼也，自聞而已。故宅於心者，至虚而明。「居體」云者，處靜而无倡也，禀其令而已；處順而无作也，續其終而已。故守其身者，至柔而恭，内外交相養，則美在其中，粹然无疵矣，故「見於面，盎于背，施于四體，四體不言而喻」，此「暢于四支」，所以爲「美之至也」；致天下之大利，成天下之大順，功高而朝不忌，任重而上不疑，此「發于事業」，所以爲「美之至也」。古之人有體是道者，吾于周公見之矣。周公既有大美而不居，則所可得而形容者，道德之氣、神明之容而已，故曰「赤舄几几」，蓋「暢于四支」者然也；東人欲其留，西人欲其歸，而名實孚于上下，不可掩也，故曰「德音不瑕」，蓋「發於事業」者然也。公之碩膚若是而不與有焉，則其爲「美之至」可知也。坤之六二，地遠於君，諸侯之位也，故言「敬以直内，義以方外」，而以其動者言之，所以爲大也；六五，地近於君，公卿之位也，故言「黄中通理，正位居體」，而以其靜者言之，所以爲美也。爲臣之義，於是兩盡。

屯彖傳「屯剛柔始交」至「宜建侯而不寧」

屯「宜建侯而不寧」，何也？蓋屯難未解，方且急賢才以自助，故分土錫圭，以報有功而崇有德。又且與之戮力以弘濟艱難，故雖建侯而不寧也。若豫之建侯，則四方无虞，五刑不用，要當建諸侯以藩屏王室而已，以是建侯則寧矣。武王歸馬放牛，何不寧之有？

屯初九「盤桓」至「利建侯」

夫「建侯」，王者事也，而於初九言之者，以剛動而不失其正。其自任以天下之重，蓋王佐才也。象所謂「君子以經綸」者，非初九其誰耶？故其體國致君，宜以協濟爲意。其曰「利建侯」者，乃代天理物之職也。

蒙彖傳「蒙山下有險」至「聖功也」

「含德之厚，比於赤子」，抱一不離，此「蒙以養正」之謂也。夫唯抱一不離，故智雖滿天地而不自慮，能雖窮海内而不自爲，付百職于衆賢，而我无爲焉。其致功也，吾不尸其事；其成功也，吾不處其名。此聖人之功也。筮者，占以決疑也。占以決疑，无不致誠，故易以致誠以謀，亦以筮言之，非假布策也。蒙之「初筮」者，致一以有求；比之「原筮」者，再思以有擇；若夫「假爾泰筮」，則不可以有原也。

象傳「山下出泉」至「育德」

「山下出泉」，其一未散，其勢未達。觀其勢之未達，則「果行」；觀其一之未散，則「育德」。

初六「發蒙」至「以正法也」

蒙之初六，「發蒙」而「利用刑人」，何也？蓋民之迷，則目无所見，耳无所聞，若以物蒙其首也。今欲發其蒙，而示之以好惡，則彼且不見利不勸，不威不懲，誥令所不能加，行義所不能率，必欲以利誘之耶，則爵无德而禄无功，愈非所以勸也。故當小懲而大戒，罰一以警百，然後蒙者畏刑之將至，相與從上之所好，而避其所惡，故其蒙可得而發也。雖然，有發蒙之志，則刑人而爲利矣。苟惡其蒙而刑之，不幾於不教而誅乎？故曰「利用刑人，以正法也」。「正法」云者，示之以好惡之謂也。

上九「擊蒙」至「利禦寇」

蒙之上九「擊蒙」，若齊之伐燕，利其土地重器，所謂「爲寇」也；若葛伯仇餉，而湯往征之，所謂「禦寇」也。

需象傳「雲上于天」至「宴樂」

「雲上于天」，則澤將下流，天下之所徯望也，故有需之象。飲食，人之大欲存焉，而人非飲食不生，則天下之所需，莫急于飲食。故需，飲食之象，而位乎天位，以應天下之求，亦曰「需于酒食」而已。然幅員之衆，烏得人人而飲食之哉？亦曰「養賢以及萬民」而已。故「君子飲食燕樂」者，「大烹以養聖賢」，使「忠臣嘉賓得盡其心」焉耳。忠臣嘉賓盡其心，則小民不失職，而人人厭所欲矣。九五之所需，孰大於此？

訟六三「食舊德」至「從上吉也」

訟之六三，才不稱位，故有「食舊德」之象。「食舊德」者，世其禄也。世之搆訟者，皆出於忿慾，而六三才不足則内省而无忮，位已高則知足而无求，夫如是，則「從上」而已，奚其訟？故「食舊德」而安也。然當訟之時，才不稱其位，則人必媢嫉之者，故不能无危。要之，在己者貞固自守而无爭心，故雖危而終吉也。

九五「訟元吉」至「以中正也」

「訟元吉」，謂聽訟之主也，非身有訟也。九五得尊位，大中以正，決天下之訟，己則何訟之有？當訟之時至，而以中正決之，是以「元吉」也。若「虞芮質厥成，文王蹶厥生」，則聽訟之道，孰善於此？吉孰大焉？故卦言「利見大人」。大人，則九五之謂也。且訟而「有孚」，猶窒而後通，惕而後寧。中焉則吉，終焉則凶，自无「元吉」之理。

師「貞丈人吉无咎」

師「貞，丈人吉」，故詩稱「方叔元老，克壯其猶」也。老者，成德之稱。乞其言足以愈人之疾〔一〕，故曰艾；憲其行足以助人之善，故曰叟。其更事多，其作謀審，其成德也尊，其致道也遠，蓋朝廷典刑所賴，而非特可以行師也。「丈人」者，老者之尊稱，而法度所資也。師之道以律爲主，故以「丈人」言之。

象傳「師衆也」至「又何咎矣」

用師之道，將以正天下之不正也，故師謂之征。己不正，其能正人乎？此師之所以主乎貞也。「剛中而應」，任將之道也；「行險而順」，興師之義也。仰順乎天，无違天以干時；俯順乎人，無咈人以從欲。興師之順如此，則民之從之，雖犯難而忘死矣，故「能以衆正」。以衆正之，則人皆知其欲正己而已，天下孰不趨于正

〔一〕足，原作「則」，據清鈔本、四庫本及大易粹言卷一改。

哉？其爲王也孰禦？故吉且无咎。

比六二「比之自内」至「不自失也」

「比之自内」者，非枉己以外求也，上之人訪逮幽側，至誠以相與，然後出而應之，故爻稱「自内」，而象以爲「不自失」也。六二居中得正，與九五爲正應，迹遠而志同，位殊而德合，故以「自内」言之。若伊尹之在莘，而湯聘加焉，非自内以比耶？尹負鼎干湯，孰謂聖人乃不知比之自失乎？

小畜象傳「風行天上」至「文德」

「風行天上」，柔巽之上行也。君子觀象於此，則美其文德也。天以剛健，故其事武；地以柔順，故其事文。風之柔，无所不入，地類也，故有「文德」之象。舜之格有苗，「文德」之懿也。詩稱仲山甫「柔嘉維則，令儀令色」，則所以畜宣王者，「文德」而已矣。故有「明哲保身」之説，異乎伊尹之於成湯、太甲也。

上九「既雨既處」至「有所疑也」

以臣畜君，至于和且至，則畜道成矣，猶當「尚德」以載之，不可以賢臨之也。「尚德」者，无所不用德也，故象以爲「德積載」。何則？君臣、夫婦，人合也。人合者，易以睽，故雖貞而厲，若恃此以行而不止，則「陰疑於陽」，月盈而逼矣。故雖君子之道，猶爲凶也。所謂「有疑」者，「陰疑於陽」之謂也。

履彖傳「履柔履剛」至「光明也」

卦之才則以一柔進退，履衆剛，故有「履虎尾」之象，然而「不咥人，亨」者[二]，「説而應乎乾」故也。蓋説而已，不應乎乾，則不敬；應乎乾而已，非説，則不和。夫敬以和，何事不行？君子之所履苟在於是，則雖暴人之前，无虞矣；雖蠻貊之邦行矣，況于華夏乎？故「履虎尾，不咥人」，而又亨也，君子之所履，未嘗不在於禮，而禮勝則離。今至於「履虎尾」而亨，則其他可知矣。此履之善也。此合一卦之才言之。若就一爻之義，則六三「蹈虎尾」而凶矣，故爻彖異辭。猶之彖言「剛中正，履帝位而不疚」，而九五言「夬履貞厲」也。「剛中正，履帝位而不疚」者，兑澤下流故也。膏澤下於民，則貴爲天子，富有四海，而内省不疚矣。此天下所以心悦而誠服也。天下心悦而誠服，則親之若父母，仰之若日月，敬之如神明，畏之如雷霆，可不謂「光明」矣夫？若其據利勢之重，阻法度之威，以臨莅

[二] 而，原作「則」，據清鈔本、四庫本及大易粹言卷一改。

天下，而澤不加於民，則民咨胥怨，疾首蹙頞而相告矣。夫如是，則從之者勢也，而心背之；事之者貌也，而腹非之，夫何「光明」之有？

象傳「上天下澤」至「定民志」

天高地下，禮制行矣。人之所履，禮而已。故「上天下澤」，有履之象。君子觀象於此，則可以「辨上下」。上下既辨，則名分立，而民志定矣。此以成卦之體言之也。禮者，所以「辨上下」而「定民志」也。蓋上下之分嚴，則豐者不爲有餘，殺者不爲不足，而民志定。此先王因人性以制之，而理之不可易也。其或强有力者，竊其非分而有之，欲自以爲榮，是播其惡，「適足以發笑而自點爾」。所有者非其分，既不足以爲榮，而身陷不義，更足以爲辱，愚孰甚焉！此臧文仲居蔡所以爲不智也。季氏以八佾舞，三家以雍徹，正類於此。而臧文仲當時名大夫，必嘗以智稱，故仲尼以爲「何如其智」，以明其大者不知，其他不足稱也。如以爲先王之爲禮，將以籠天下之愚而拘之，則荀卿化性起僞之説行矣。譬如今人，未仕而服青紫，人必以爲病狂。文仲之愚，不幸類此。

初九「素履往」至「獨行願也」

中庸言「君子素其位而行，不願乎外」，蓋位有貴賤得喪，而君子不因其位而改其素也。履之初言「素履」，亦猶是也。素之爲言，无飾也，大行不加，窮居不損，豈借美於外哉？孟子所謂「不願人之膏粱、文繡」者，是也。履此而往，則志之所祈嚮者，非有徇乎人也，獨行其平昔之志而已，故曰「獨行願」也。在履之初，未交於物，故有素之象。

六三「眇能視」至「志剛也」

六三以一陰獨立於羣陽之中，而又處非其位，故有「眇」「跛」之象，猶之陰而无匹也。「眇能視，跛能履」，明不足而行不全也，故有「武人」之象。若用此以蹈危，其能无傷乎？惟武人用此，以聽命於大君，則處陽而志剛，可以有爲矣。大君剛中正而履帝位者也，明足以照理，行足以率人，故武人聽命而有爲，可以无虞而有功矣。

上九「視履考祥其旋元吉」

視所履之善惡，所以考失得之報。蓋禍福之來，必象其德而還之也。在履之上，爲履道之成。在我者，无非禮矣，故「其旋元吉」。「其旋」者，象其履以還之之謂也。

泰象傳「天地交泰」至「以左右民」

「財成天地之道」，猶言「燮理陰陽」也；「輔相天地之宜」，猶言「寅亮天地」也。「寅亮」者，事功之所及，如羲和之職是也，此體「天地交泰」之事也；至於「燮理」，則非體道之全而與天地相流通者，不足以與此。此體「天地交泰」之道也。財者，節其過也，猶言「範圍」；成者，補其虧也，猶言「彌綸」。範之使有常，則日月无薄蝕，陵谷无遷易，四時常若，風雨常均，若此者，範之者也；圍之使无踰，則春无淒風，秋无苦雨，冬无愆陽，夏无伏陰，若此者，圍之者也；彌之使不虧其體，則覆幬者統元氣，持載者統元形，陽敷而能生，陰肅而能成，夫是之謂彌；綸之使无失其敘，則日月代明，寒暑迭運，將來者進，成功者退，夫是之謂綸。按：「範之使有常」以下，文遠刻本後復重出，今删彼存此。

否象傳「否之匪人」至「君子道消也」

「比之匪人」，言所比非其人也；「否之匪人」，言致否之因也。君臣上下，在朝者非其人，則將引天下之叨憤姦回萃于朝，此所以致否也。羣小在上而衆邪逞，故「不利君子貞」。當是時，非有大人之德，則處否而未必亨；非有大人之才，則不足以「休否」。伊尹五就桀，而當時羣小不能害焉。非體道忘我，孰足以與此？以顔子之賢，遊于人間世，仲尼猶以心齋告之。則爲君子類者，處否之時，正當全身遠害而已。有國家之道，君臣而已。傳曰：「不有君子，其能國乎？」蓋惟君子在朝，然後君臣各得其道，上下合志，而天下之情通，此國之所以立也。如君不君、臣不臣，則「天下无邦」矣；猶之父不父、子不子，則无家矣。无邦者，其道亡也。

六二「包承」至「不亂羣也」

否之六二，下乘初六，上承六三，二陰皆小人之象。二不包初，則小人蓄忿而陷我矣；不承三，則小人依勢而藉我矣。故曰「包承，小人吉」。此言君子之居中守正者，全身遠害，當如是也。若夫至中至正之大人則不然，體道虛己以遊人間，或不言而飲人以和，與人並立而使人化。蓋嘗入獸不亂羣矣，況於人羣乎？故能處否而亨也。若伊尹五就桀而羣凶不能以害之是也。楊子以不離其羣爲聖人，蓋知「不亂羣」之説也。

六三「包羞」

六三在下體之上，位寖顯矣，而當否之世不能去，又以陰柔處之，是可羞也。世之寡廉鮮恥苟賤之士，處顯位以播惡於衆，而自不知其醜者，多矣。六三與中正剛明者爲鄰，則見聞所漸，亦知其可羞矣。惟以資質陰柔，不能行其所知，至於忍恥而冒處，故謂之「包羞」。

同人九三「伏戎于莽升其高陵三歲不興」

「伏戎于莽」，欲以劫五之下接也；「升其高陵」，欲以扞二之上比也。二五以同德合，而九三居剛不中，不務德，而欲以力爭，宜其「三歲不興」也。三在下體之上，有高陵之象，故曰「升其高陵」。「其」者，指三之本體也。

大有九四「匪其彭」至「明辨晳也」

舒王以「匪其彭」爲「其旁」，不知所據何説。且近君之位，有下比之嫌怨，非獨大有之時爲然。伊川以「彭」爲衆多，似于大有爲親。一説「彭」有張大之意，當大有之勢，居近君之位，輒據而矜之，志于張大，則羣賢解體，天地鬼神亦且弗祐矣，此味者所以敗也。「辨晳」，明之著也。

六五「厥孚交如」至「易而无備也」

大有之成體，文明而剛健之主，故能以至誠與下，而下亦以至誠應之，上下合德而無間，故曰「厥孚交如」。爲大有之主，高拱尊位，其明不可欺，其健不可陵，則人之畏之，將如神明矣，故曰「威如吉」。彼且推赤心置人腹中，其胸中坦然无疑忌，誰肯用數以御下哉？此太平之君子，所以「易而无備也」。

上九「自天祐之吉」至「自天祐也」

六五有至信之德，而上履之，故有「履信」之義。五爲大君，而上九與衆陽同體而應之，故有「思乎順」之義。上九爲明之極，而自處无位之地，推衆陽而進之，故有「尚賢」之義。能如是，則无天災物累，无人非鬼責，天人交助之，宜其「吉無不利」也。「自天」云者，理之必至，非有求而得也。伊尹將告歸，「旁求俊乂，啓迪後人」，自不居其成功，蓋用此道也。「又以尚賢」者，體信順以處己，而又以尚賢也。

蠱彖傳「蠱剛上而柔下」至「天行也」

飭蠱以有事者，不可以有擾，故於蠱以「先甲」「後甲」言之，「甲」者仁柔也；發號施令者，不可以徇人，故於巽以「先庚」「後庚」言之，「庚」者義剛也。傳曰「通變之謂事」，事往來終始，如循環必至之理也，故曰「天行」。君子察於此，故先事而豫，以弭于未然。故能致治于未亂，非知幾不足以與此。後此而圖以防其將然，故能轉凶而爲吉，非知化不足以與此。「三日」者，成數也。原始要終，亦推其數而已。先後至於成數，則无虞矣。「巽而止」者，飭天下之蠱，義主於巽，而道貴於止也。「巽而止」，則「元亨而天下治」矣，故諸爻皆以家道言之。蓋當是時，治大宜如小，治衆宜如寡，治煩宜如簡，一切以柔巽自處，而無意於動衆。順其序而弗擾，因其情而無咈，如子之任父事，則觀聽不駭，而害已消矣。且有而爲之，其易邪[二]？如欲以發强剛毅、勇於作爲，多所紛更者任是，猶治絲而棼之，益以壞亂而已，非治蠱之道也。

初六「幹父之蠱」至「意承考也」

初六才不足以應，宜不足以幹蠱，而能「考无咎」者，以柔巽爲體，而意專於「承考」也。「意承考」者，子道之正也，故爻稱爲「有子」。況夫一家之事固不煩，而

[二] 且有而爲之其易邪，清鈔本及大易粹言卷二同，四庫本改作「因便而爲之甚易也」。

初亦未廣也，持吾承考之意以從事，則何事而不濟耶？書曰「罔曰弗克，惟既厥心」，意在於「承考」，斯能盡其心矣。人心其神矣乎！能盡其心，則「雖愚必明，雖柔必强」，才之不足非所患也。

九二「幹母之蠱」至「得中道也」

九二處多譽之地，才有餘而道不失中，固衆譽之所歸。六五因衆譽而用之，則人情莫不悦服。彼其才足以任劇，而以中道承柔中之君，則其君且仰成，而繼志述事有餘地矣。然譽在下而上不忌者，「得中道」而「承以德也」。

臨九二「咸臨吉」至「未順命也」

君倡而臣和，禮之正也。若臨之九二，以剛中之才任六五之眷倚，則有「從道不從君」之事矣，故象以爲「未順命」。至於爲上爲德，而君臣一道，則上之所倡，豈終不和耶？故以未順言之。「咸臨，吉，无不利」者，二與五以同德相與，至誠以相應，而无私意也。其順之實固已見於未命之前矣，故曰「未順命也」，猶言「未占有孚」也。

六四「至臨无咎」至「位當也」

臨之六四爲「至臨」者，應下而順上。守之以正，以臨其民，則民敬而從之，是其爲臨也，可名爲至矣。然多懼之地，而才不足以有爲，非若六五「知臨」之大也，故稱无咎，而不言吉，適當其位而已。

觀象傳「大觀在上」至「天下服矣」

聖人久於其道，而天下化成。蓋天下之化，非有資於號令之鼓舞也，刑賞之懲勸也，一於誠而已。誠至，則天下徯其志而從之，如恐不及矣，故曰「盥而不薦，有孚顒若」。先王之化民，豈能拂其所有而與之以所无哉，亦曰「順以巽」而已。中正，民之性也，順其性而入之，則將淪肌膚而浹骨髓矣。「下觀而化」，自然之理也。

六三「觀我生進退」

六三「觀我生進退」者，省諸己也，度德以就位，量能以任官也。九五「觀我生」者，驗諸民也，所以審好惡而察治忽也。夫如是，則興事造業，无過舉矣，故无咎。此在上位者與德稱，而志在民者之所爲也，故特稱君子，以別六三也。若夫上九之「觀其生」，則觀其時之施設也。此有君子之才而无其位，身在畎畝，而志常在君者之所爲，故亦稱君子。而象因其有觀，以知其「志未平」也。

剥象傳「山附于地剥上以厚下安宅」

「山附於地」，則山頹之象。山至於頹，則以下不厚而上危故也。

復象傳「復亨剛反」至「天地之心乎」

「復其見天地之心乎」，天地之心主於生物，復之時未有物也，而物以陽復而生。博愛者，聖人之心也。復禮未有愛也，而博愛之實由復禮而出，故序卦曰：「復則不妄。」无妄者，天命也。先王以此「茂對時，育萬物」，則於博施濟衆也何有？

无妄六二「不耕獲」至「未富也」

无妄之六二，不耕而獲，不菑而畬，以明君子之於物也，應而不倡；其於事也，述而不作。非樂通物也，樂循理而已矣。循理而已，則有行有爲，皆天命也，何妄之有焉？雖然，六二得位矣，而非尊位，故其勢不得以始事；得中矣，而非大中，故其才不足以創物。是故象以爲「未富」。若夫「通其變，使民不倦，神而化之，使民宜之」，應時而造，以敏成功，其爲无妄，孰大於此？

大畜「利貞不家食吉」

説者以大畜爲君畜臣。夫賢者易禄而難畜，而盛德之士，蓋有君不得而臣者，恐无畜大賢之理。如以爲所畜者非成德之彦〔二〕，則不足以當所尚之賢，而非所謂「止健」也。且攬羣材而並用之，故重道輕禄者不足以自高，宜莫如堯、舜。而「童牛之牿」「豶豕之牙」，徒取于私欲不行，豈聖君之盛德，曾何健之止乎？又以「不家食」爲聖人能養賢以及萬民，不待家食而民被其養矣。然自古養萬民者，藉令不知爲政，亦無家食之理。況大畜尚賢之卦也，其畜道之成，亦曰「何天之衢，亨」，未及言養民也，恐不須生此義。

彖傳「大畜剛健」至「應乎天也」

柔得位而上下應之，小者之畜也，古之人有行之者，若仲山甫之於宣王是也，故詩人稱之曰「柔嘉維則」，又曰「衮職有闕，惟仲山甫補之」。剛上而五承之，「能止健」，大者之畜也。古之人有行之者，若伊尹之於太甲是也，故高宗稱之曰「先

〔二〕成，大易粹言卷三同，清鈔本、四庫本作「盛」。

正保衡，作我先王」，則補袞之闕不足道也。夫人主之利勢，固能利害而擅生殺矣，可不謂「健」已乎？非有大人之正德終始惟一者，孰能止之？昔之辯士，蓋有能變亂名實，而使其君虛己以聽之，至於疏間親、新間舊，言聽計從，无不遂其意者，其術智亦足以畜其君矣。而君子惡之，爲其不正耳。此大畜所以言其利貞也。大人在上，則天下利見，而野无遺賢矣。羣賢畢進〔二〕，則涖天職而食於朝，此所謂「不家食」也。羣賢「不家食」〔三〕，則禮義立而政事修，財用足而百志成，萬邦咸寧，吉孰大焉，亦何難之不濟乎？故曰「利涉大川」。當是時，命有德，討有罪，无容心焉，天理而已矣，故曰「應乎天」也。

初九「有厲利已」

且賢者之畜君，亦必有道焉，量而後入，信而後諫。不量而入，則將至於失身；未信而諫，則君必以爲謗己。故初則「有厲」而「利已」。

〔二〕賢，原作「臣」，清鈔本同，據四庫本及大易粹言卷三改。
〔三〕賢，大易粹言同，清鈔本、四庫本作「臣」。

九二「輿説輹」至「无尤也」

二則「輿説輹」，二得中矣。有剛中之德，有載上之才，猶有待而後行。非不欲行也，道合則從，不可則去。此「中无尤」之道也。

九三「良馬逐利艱貞日閑輿衛利有攸往」

九二「輿説輹」，至於三，位高而近君矣，故「良馬逐」；然世治不輕進，「國有道，不變塞焉」，故「利艱貞」。猶且日戒曰：閑吾衛以防其逸，力厚而義不行，才全而用有序。上非我應也，而其德同；己非上比也，而其志合。内之畜於己者如此其周，外之畜於君者如此其審，則安往而不利哉？

六四「童牛之牿元吉」

九三「良馬逐，利艱貞」，夫然後「禁於未發」如六四，故爲「童牛」而加「牿」焉；「格其非心」如六五，故爲「豶豕之牙」。蓋六四純陰而勢順，賢者以剛克止之，則「牿牛」之象也。

六五「豶豕」至「有慶也」

六五柔質而處剛，又當尊位。質柔則嗜慾易以深，處剛則躁競易以逞。當大畜之時，賢者以大中之道正其大本，則「豶豕」之象也。「禁於未發」，故能使之棄所習、捐所能，而人斯與之矣，故「有喜」。「格其非心」，則窒其原矣，非特禁未發而已也。且幽王之惡大矣，而當時大夫欲化其心以畜萬邦，則畜君之要，正在於「格其非心」而已。故取象於豶豕，而无嫌於六五也。蓋豕之爲象，其躁忿足以傷物而賊仁，其嗜慾足以伐性而滅義。今而窒其原，則貪欲之情可化爲不求，而義不可勝用矣；躁忿之質可化爲不忮，而仁不可勝用矣。「君仁莫不仁，君義莫不義」，則非特人與之而已，天斯祐之矣，故「有慶」。

上九「何天之衢」至「道大行也」

畜道之成，至于天人交助，則賢路自我而四達矣，故上九曰：「何天之衢，亨。」賢路而謂之天衢，言陟降之當於天心也。象曰「剛上而尚賢」，則大畜之義，主於上九也。然崇俊良以列庶位，而推轂賢路，使天下无家食之賢者，上九之任也，故其爻以「何天之衢」爲言。天下至於无家食之賢，則道之大行，孰盛於此？此大畜所以爲先王之盛時也。

頤六二「顛頤拂經于丘頤」至「行失類也」

聖人推言頤之爲道，以爲「天地養萬物，聖人養賢以及萬民」，則以上養下，頤之正也。若在上而反資養於下，則於頤爲倒置矣，此二與四所以俱爲「顛頤」也。然二之志在物，而四之志在道，故曰「顛頤」而「吉」，而二則「征凶」也。何以知其然耶？蓋六二居中得正，宜足以自守矣，然在下體，疏遠而未有禄，又動體也，宜於處約，未能自安，故降志以求初。初方一意於應四而不答也，則又將求其類以趨五。五非其應，又力不足以自養，而何暇養人乎？故二爲「行失類」，此以知其志之在物也。　夫自養以有所養，養德以需天下之求，頤之常理也。今至於屈己以求諸人，則失理之常矣。此二之求於五，五之資於上，所以俱爲「拂經」也。

六四「顛頤吉」至「上施光也」

六二「行失類」，至於六四，則其志正矣。其位近君矣，官尊禄厚，足以无求矣，而汲汲於應初，非好善忘勢，又將與賢者共之。不能爲此，若孟獻子之家，「有友五人焉」者，近是矣。且「嗜慾深者，其天機淺」，而士大夫之志或涉於重，外則人人得而易之矣。今六四之所取重者，在此而不在彼，則瞻視尊嚴，「儼然人望而畏之」，故如「虎視眈眈」，而所欲皆得也。「欲仁而得仁」，則無惡於欲矣，誰能推咎之哉？故四之「顛頤」，乃爲「上施光」，此以知其志之在道也。

六五「拂經居貞吉」至「順以從上也」

六五履尊位而德不稱，德雖不稱位，而其富固无敵矣。所以不足者，非物也，乃能親上九之賢，委己以聽之，亦庶乎有以養萬民矣。而六二之有求，方且養其私而已。此五之「拂經」，所以異於二也。雖然，六五質柔而止體也，喜蹈常，畏興事，其資然也，見善未必明，用心未必剛，故以之守文、以之持正可也，若應變以成務，則非其任矣。蓋疑間一生，則危亂之機將不可解，故居正則吉，而「不可涉大川」也。「不可涉大川」，爲六五之君言之也；「利涉大川」，爲上九之臣言之也。使大臣之才如上九，足以養天下，而人主順以從之，其蔑不濟矣。此周公復政之後，成王所以四征不庭，制禮作樂，六服承德也。

上九「由頤厲吉」至「大有慶也」

六五居正則吉，乃如上九之賢，則頤之時，所謂「養賢以及萬民」者，皆自我出，匹夫匹婦无不與被其澤矣。夫然，故天下信之，衆賢助之，人主親見其功業，而深知其所存，徧知其所爲，任之必專，小人莫得以間之，天亦誘其衷矣。故其迹雖厲，而其理則吉。此所以「利涉大川」而「大有慶」也。夫以身徇國，弘濟於艱難，固大臣之職也，詎肯臨危而顧其身哉？惟欲善其後以冀成功，則亦審其時而已矣。若成王未知周公之時，則「不可涉大川」，六五是也；若周公既見察於成王之後，則涉大川而利矣，上九是也。說者謂以上養下爲「顛頤」，是以顛爲正矣，故用伊川說。

家人象傳「風自火出家人君子以言有物而行有恒」

「欲齊其家，先修其身」，「知風之自」也。易於家人曰「風自火出」，而「君子以言有物、行有恒」，可不謂所自乎？

損象傳「損損下益上」至「與時偕行」

損之三陽，皆損己者也；三陰，皆受益者也。損己者，或資諸物，或取諸身。資諸物者，損上益下，如初九是也；取諸身者，損剛益柔，若九二、上九是也。

損初九「已事遄往」至「尚合志也」

損之初九曰「已事遄往」。所謂事者，損之事也，言損初之實以益四之虛也。未事而往，則恭敬无實，而人未孚；後事而緩往，則於疾无損，而事不濟。四之志欲「損其疾」，而初「遄往」，「使遄有喜」焉，故曰「尚合志也」。然損下以益上者，或失其節，則後難繼，故必酌損之。

九二「利貞征凶」至「中以爲志也」

兑之情説，而陽之性好動，故損之九二，有「利貞征凶」之戒。蓋二既得中矣，恐其鋭於有爲而失中，或至於畔道也。由中出者，既已與人，己愈多，故曰「弗損益之」，而其益无方也。

六三「三人行」至「三則疑也」

上之所任者在道，故三得於上爲得友，友者以道言也；下之所任者在事，故上得於三爲得臣，臣者以事上言也。「三人行」，三陰之象也，三陰雖同類，而志不一於上，則於三反爲累也，故曰「損一人」，蓋德二三故也；「一人行」，則三與上爲正應，故曰「得其友」，蓋德惟一故也。己之德二三，能无疑乎？莊子所謂「汝何與人偕來之衆」者，亦言用志之不一也。

六四「損其疾」至「亦可喜也」

物之出有限，故必酌損之，而所益不過，「亦可喜」而已。已則有疾，初无可喜也，因人以去之，故曰「亦可喜也」。六五「自上祐」，六四「得其友」，而爲上九忘家之臣，豈徒「損其疾」而已哉？

上九「弗損益之」至「得臣无家」

「得臣无家」，謂三之致一也。

益六三「益之」至「固有之也」

益則吉矣，而「用凶事」者，所謂「吉人凶其吉」也。三居下體之上，當震動之極，不用凶事，則高而危、滿而溢矣，非固有之道也。所謂凶事者，必非衣帛冠布，挹而損之。行恭而用儉，所以「固有之」也。三本剛體，而以柔居之，故有「用凶事」之象。

夬象傳「夬決也」至「剛長乃終也」

「揚于王庭」，誦言於王也；「孚號」，誕告於下也；「告自邑」，自近而及遠也。夫去小人而播告之修，若是其詳，何也？蓋君子之夬也，豈徒夬其人而已，固將戮一以懲百，使天下皆知惡之不可爲如四罪，而天下服也。然小人之陰慝，其慮身甚周，其欲害君子之意甚切，將欲決之，能无疑乎？故初則「不勝」，二則「惕號」，三猶「有凶」也。雖然，彼以其邪，我以吾正；彼以其凶，我以吾仁。又方與羣剛協德，盡道以去之，其憂不濟乎？故其危也，乃其所以爲光也。若夫九五，則據利勢操主權，其除惡之易，如薙莧陸，甚易而无危矣。然才高而性剛，必期於夬夬而後已，雖未過中，於道爲「未光」也。

姤「女壯勿用取女」

「姤女壯」，巽爲長女也。女壯則乘陽，其極將至於爲剥，故「勿用取女」，而初六有「蹢躅」之戒也。以其爲巽體也，故爲「女壯」；以其陰之初生也，故爲「羸豕」。

九五「以杞包瓜」至「志不舍命也」

「以杞包瓜」者，以九二之剛中，包初六之柔脆，用賢得民之象也。用賢得民，則我无爲也，中心守至正而已，故曰「含章」。若是者，天實臨之降之，百祥將不旋踵矣，故曰「有隕自天」。蓋明君之於天下，安危利害，不惑其心，居中守正，强爲善以俟之，所以作元命也，故曰「志不舍命」。

井九二「井谷射鮒」至「无與也」

井道以高潔爲體，以上出爲功，故初爲「井泥」，二爲「井谷」。「射鮒」，蓋其自處汙下，而功用熄矣。然九二既得中，而有趨下之汙，何也？蓋所居不正，則用心不剛，又巽體也，而上无應，故甘心于趨下，而不自振其德之地，不足稱也。

上六「井收勿幕」至「大成也」

井之上六，則井既清矣，无渫也；既完矣，无甃也；既食矣，无求也。井道之成，无所事矣，故曰「井收」。收者，集其成功之謂也。成則如之何？亦博施濟衆而已，故曰「勿幕」。

繫辭傳「在天成象在地成形變化見矣」

「在天成象」，則鳥與火、虛與昴，四時迭見者，天道之變也；「在地成形」，則作而長、斂而藏，四時異形者，地道之變也。至於成象者，莫測其進退之機；成形者，莫見其生成之迹，則天地之化也。體化而裁之，則無駭於變矣。此變、化之辯也。

「範圍天地之化」至「而易无體」

或曰：「伊川序易曰：『隨時變易以從道』，然則易與道爲二乎？」曰：「『神无方而易无體』，易者，道之用也。既已涉於用矣，且得无從乎？惟其變易而不離於道，斯可名於「无體」矣。若春作、夏長、秋斂、冬藏，皆神之所爲也。神之所爲異於人爲者，以其從道而已。此四時之所以不忒也。老子曰『道法自然』，亦即人所見以明道也。先生之意，正欲使學易者知變易之必從道，則用不詭於易矣。」〔一〕

「是故夫象聖人有以見天下之賾」至「存乎德行」

非思非慮非視非聽，了然遺照而獨存者，「神而明之」之謂也。神存而明之，非有心之所能知也，此道之所以明。无處无出无從无違，確乎其能事者，「默而成之」之謂也。性「默而成之」，非有爲之所能得也，此道之所以行。

〔一〕清鈔本、四庫本此條前有「範之使有常，則日月無薄蝕，陵谷無遷易，四時常若，風雨常均，若此者，範之者也；圍之使無逾，則春無淒風，秋無苦雨，冬無無陽，夏無伏陰，若此者，圍之者也」六十字。方宗誠於前「泰象傳天地交泰至以左右民」一節校按曰：「『範之使有常』以下，文遠刻本後復重出，今删彼存此。」

通其變使民不倦神而化之使民宜之

聖人稽古之道不過三王，而師古之道上及五帝。若「通其變，使民不倦，神而化之，使民宜之」，雖百世聖人不能易也。

詩二南義

按墓誌云：「詩二南義一卷。」今文遠刻本詩二南義止二則，一論詩綱領，一辨小序文王受命作周，皆與二南無涉。疑先生詩二南義蓋久佚，文遠特取他書所採論詩語以當之，實非詩二南義也。然今既無可考，不得已仍其篇名而不去，以附于易說之後，亦猶詩存邶、鄘篇名之義，而附考其實于此，俾後之覽者無所疑焉。

詩綱領

學詩者，可以感發人之善心。如觀天保之詩，則君臣之義修矣；觀棠棣之詩，則兄弟之愛篤矣；觀伐木之詩，則朋友之交親矣；觀關雎、鵲巢之風，則夫婦之經正矣。昔王裒有至性，而弟子至于廢講蓼莪，則詩之興發善心，於此可見矣。按：此條本論語雜解「興於詩」章語。欽定詩經傳說彙纂採入首卷綱領之中，文遠不攷，而誤以爲詩二南義也。

詩序文王「文王受命作周也」

君臣之分，猶天尊地卑，紂未去而文王稱王，是二天子也，服事殷之道，固如是耶？書所謂「九年大統未集」者，後世以「虞芮質成」爲文王受命之始故也。觀武王于泰誓三篇稱文王爲文考〔一〕，至武成而柴望，然後稱文考爲文王，則可知矣。按朱子詩序辨説云：「受命，受天命也。作周，造周室也。文王之德，上當天心，下爲天下所歸往，三分天下而有其二，則已受命而作周矣。武王繼之，遂有天下，亦卒文王之功而已。然漢儒惑於讖緯，始有赤雀、丹書之説。又謂文王因此遂稱王而改元，殊不知所謂天之所以爲天者，理而已矣。理之所在，衆人之心而已。衆人之心，是非向背，若出於一，而無一毫私意雜於其間，則是理之自然，而天之所以爲天者，不外是矣。今天下之心既以文王爲歸矣，則天命將安往哉？書所謂『天視自我民視，天聽自我民聽』，所謂『天聰明自我民聰明，天明畏自我民明畏』，皆謂此耳。豈必赤雀、丹書而稱王改元哉？稱王改元之説，歐陽公、蘇氏、游氏辨之已詳。去此而論，則此序本亦得詩之大旨，而於其曲折之意，有所未盡，已論於本篇矣。」又按：此條本中庸義「無憂者」章以下解，欽定詩經傳説彙纂採入小序，文遠不知，誤以爲詩二南義也。

〔一〕泰，原作「秦」，據清鈔本、四庫本改。

游定夫先生集卷五

録二程先生語

按朱子編二程遺書目録卷四原題「游定夫所録」，則其爲先生書無疑也。其卷五、卷六、卷七、卷八目録下注云：「此後四篇本無篇名，不知何人所記，以其不分二先生語，故附于此。」則是四篇本與先生所録不相連。朱子編遺書，特以類相從耳，明云「不知何人所記」，則未嘗以爲先生書也。先生裔孫文遠刻本俱入集中，似未可信。今故刊去之，但取遺書第四卷入集云。又按朱子二程外書目録卷三十三題曰「游氏本拾遺」，注云：「游定夫察院家本。」未嘗明言爲先生所録，而文遠刻入集中，今亦不敢決其非先生記也，姑仍其舊云。

善言治天下者，不患法度之不立，而患人材之不成。善修身一作「善言人材」者，不患器質之不美，而患師學之不明。人材不成，雖有良法美意，孰與行之？師學不明，雖有受道之質，孰與成之？

行之失，莫甚於惡，則亦改之而已矣；事之失，莫甚於亂，則亦治之而已矣。苟非自暴自棄者，孰不可與爲君子？

人有習他經，既而舍之，習戴記。問其故，曰：「決科之利也。」先生曰：「汝之是心，已不可入於堯、舜之道矣。夫子貢之高識，曷嘗規規於貨利哉？特於豐約之間，不能無留情耳。且貧富有命，彼乃留情於其間，多見其不信道也。故聖人謂之『不受命』。有志於道者，要當去此心而後可語也。」一本云：「明道知扶溝縣事，伊川侍行，謝顯道將歸應舉。伊川曰：『何不止試於太學？』顯道對曰：『蔡人鮮習禮記，決科之利也』。先生云云，顯道乃止。是歲登第。」注云：「尹子言其詳如此。」

先生不好佛語。或曰：「佛之道，是也；其迹，非也。」曰：「所謂迹者，果不出於道乎？然吾所攻，其迹耳；其道，則吾不知也。使其道不合於先王，固不願學也。如其合於先王，則求之六經足矣，奚必佛？」

漢儒之中，吾必以揚子爲賢。然於出處之際不能無過也。其言曰：「明哲煌煌，旁燭無疆。孫於不虞，以保天命〔二〕。」「孫於不虞」則有之，「旁燭無疆」則未也。光武之

〔二〕命，原作「常」，清鈔本、四庫本同，據程氏遺書第四改。

興，使雄不死，能免誅乎？觀於朱泚之事可見矣。古所謂言遜者，迫不得已。如劇秦美新之類，非得已者乎？

天下之習，皆緣世變。秦以棄儒術而亡不旋踵，故漢興，頗知尊顯經術，而天下厭之，故有東晉之放曠。

人有語導氣者，問先生曰：「君亦有術乎？」曰：「吾嘗夏葛而冬裘，饑食而渴飲，節嗜欲，定心氣，如斯而已矣。」

世有以讀書爲文爲藝者。曰：「爲文謂之藝，猶之可也；讀書謂之藝，則求諸書者淺矣。」

萬物本乎天，人本乎祖，故冬至祭天而祖配之。以冬至者，氣至之始故也。萬物成形於地，而人成形於父，故以季秋享帝而父配之，以季秋者，物成之時故也。

世之信道篤而不惑異端者，洛之堯夫、秦之子厚而已。

孟子之時，去先王爲未遠，其學比後世爲尤詳。又載籍未經秦火，然而班爵禄之制已不聞其詳。今之禮書，皆掇拾於煨燼之餘，而多出於漢儒一時之傅會，奈何欲盡信而句爲之解乎〔一〕？然則其事固不可一二追復矣。

人必有仁義之心，然後仁與義之氣睟然達於外，故「不得於心，勿求於氣」，可也。君子之教人，或引之，或拒之，各因其所虧者，成之而已。孟子之不受曹交，以交未嘗知道固在我而不在人也，故使「歸而求之」。

孟子論三代之學，其名與王制所記不同，恐漢儒所記未必是也。

「象憂亦憂，象喜亦喜」，蓋天理人情，於是爲至。舜之於象，周公之於管叔，其用心一也。夫管叔未嘗有惡也，使周公逆知其將叛，果何心哉？惟其管叔之叛非周公所能知也，則其過有所不免矣。故孟子曰：「周公之過，不亦宜乎？」

孟子言舜完廩、浚井之説，恐未必有此事，論其理而已。堯在上而使百官事舜於畎畝之中，豈容象得以殺兄，而使二嫂治其棲乎？學孟子者，以意逆志可也。

或謂佛之理比孔子爲徑。曰：「天下果有徑理，則仲尼豈欲使學者迂遠而難至乎？故外仲尼之道而由徑，則是冒險阻、犯荆棘而已。」

窮經，將以致用也。如「誦詩三百，授之以政不達，使於四方不能專對，雖多，亦奚

〔一〕乎，原脱，據清鈔本、四庫本及程氏遺書補。

以爲」？今世之號爲窮經者，果能達於政事、專對之間乎？則其所謂窮經者，章句之末耳，此學者之大患也。

問：「『我於辭命則不能』，恐非孟子語。蓋自謂不能辭命，則以善言德行自居矣，恐君子或不然。」曰：「然。孔子兼之，而自謂不能者，使學者務本而已。」

孟子曰：「事親若曾子者，可也。」吾以謂事君若周公可也。蓋子之事父，臣之事君，聞有自知其不足者矣，未聞其爲有餘也。周公之功固大矣，然臣子之分所當爲也，安得獨用天子之禮乎？其因襲之弊，遂使季氏僭八佾，三家僭雍徹。故仲尼論而非之，以謂「周公其衰矣」。

師保之任，古人難之。故召公不説者，不敢安於保也。周公作書以勉之，以爲在昔人君所以致治者，皆賴其臣，而使召公謀所以裕己也。

「復子明辟」，如稱「告嗣天子王矣〔一〕」。

工尹商陽自謂「朝不坐，宴不與，殺三人，足以反命」，慢君莫甚焉，安在爲有禮？夫君子立乎人之本朝，則當引其君於道，志於仁而後已。彼商陽者，士卒耳，惟

〔一〕嗣，原作「辭」，據清鈔本、四庫本及程氏遺書改。

當致力於君命，而乃行私情於其間，孔子蓋不與也。所謂「殺人之中，又有禮焉」者，疑記者謬。

盟可用也，要之則不可。故孔子與蒲人盟而適衛者，特行其本情耳。蓋與之盟與未嘗盟同，故孔子適衛無疑。使要盟而可用，與賣國背君亦可要矣。

不知天，則於人之愚智賢否有所不能知，雖知之有所不盡，故「思知人，不可不知天〔二〕」。不知人，則所親者或非其人，所由者或非其道，而辱身危親者有之，故「思事親，不可不知人」。故堯之親九族，亦明俊德之人爲先。蓋有天下者，以知人爲難，以親賢爲急〔三〕。

二南之詩，蓋聖人取之以爲天下國家之法，使邦家鄉人皆得歌詠之也。有天下國家者，未有不自齊家始。先言后妃，次言夫人，又次言大夫妻。而古之人有能修之身以化在位者，文王是也，故繼之以文王之詩。關雎詩所謂「窈窕淑女」，即后妃也，故序以爲配君子。所謂「樂而不淫，哀而不傷」，蓋關雎之義如此，非謂后妃

〔二〕「可」後原衍「以」字，清鈔本、四庫本同，據程氏遺書删。
〔三〕以，原脱，據清鈔本、四庫本及程氏遺書補。

之心爲然也。

安定之門人，往往知稽古愛民矣，則於爲政也何有？

古者鄉田同井，而民之出入相友，故無爭鬭之獄。今之郡邑之訟，往往出於愚民，以戾氣相搆，善爲政者勿聽焉可也。又時取强暴而好譏侮者痛懲之，則柔良者安，鬭訟可息矣。文遠本連上二段。

君子之遇事，無巨細，一於敬而已。簡細故以自崇，非敬也；飾私智以爲奇，非敬也。要之，無敢慢而已。語曰：「居處恭，執事敬。雖之夷狄，不可棄也。」然則「執事敬」者，固爲仁之端也。推是心而成之，則「篤恭而天下平」矣。

士之所難者，在有諸己而已。能有諸己，則「居之安，資之深」，而美且大可以馴致矣。徒知可欲之善，而若存若亡而已，則能不受變於俗者鮮矣。

馮道更相數主，皆其讐也。安定以爲當五代之季，生民不至於肝腦塗地者，道有力焉，雖事讐無傷也。荀彧佐曹操誅伐，而卒死於操，君實以爲東漢之衰，彧與攸視天下無足與安劉氏者，惟操爲可依，故俯首從之。方是時，未知操有他志也。君子曰：「在道爲不忠，在彧爲不智。如以爲事固有輕重之權，吾方以天下爲心，未暇恤人議己也，則枉己者未有能直人者也。」

世之議子雲者，多疑其投閣之事。以法言觀之，蓋未必有。又天禄閣世傳以爲高百尺，宜不可投。然子雲之罪，特不在此，黽勉於莽、賢之間，畏死而不敢去，是安得爲大丈夫哉？

公山弗擾以費叛，不以召叛人逆黨，而召孔子，則其志欲遷善悔過，而未知其術耳。使孔子而不欲往，是沮人爲善也，何足以爲孔子？

道之外無物，物之外無道，是天地之間無適而非道也。即父子而父子在所親，即君臣而君臣在所嚴一作「敬」，以至爲夫婦、爲長幼、爲朋友，無所爲而非道，此道所以「不可須臾離」也。然則毁人倫，去四大者，其分於道也遠矣〔二〕。故「君子之於天下也，無適也，無莫也，義之與比」。若有適有莫，則於道爲有間，非天地之全也。彼釋氏之學，於「敬以直内」則有之矣，「義以方外」則未之有也，故滯固者入於枯槁，疏通者歸於肆恣一作「放肆」，此佛之教所以爲隘也。吾道則不然，「率性」而已。斯理也，聖人於易備言之。

乾，聖人之分也，可欲之善屬焉；坤，學者之分也，有諸己之信屬焉。

〔二〕分，原作「離」，清鈔本、四庫本同，據程氏遺書改。

仲尼言仁未嘗兼義，獨於易曰：「立人之道曰仁與義。」而孟子言仁必以義配。蓋仁者體也，義者用也，知義之爲用而不外焉者，可與語道矣。世之所論於義者多外之，不然則混而無別，非知仁義之説者也。

門人有曰：「吾與人居，視其有過而不告，則於心有所不安，告之而人不受〔二〕，則奈何？」曰：「與之處而不告其過，非忠也。要使誠意之交通在於未言之前，則言出而人信矣。」

「剛毅木訥」，質之近乎仁也；「力行」，學之近乎仁也。若夫至仁，則天地爲一身，而天地之間，品物萬形爲四肢百體。夫人豈有視四肢百體而不愛者哉？聖人，仁之至也，獨能體是心而已，曷嘗支離多端而求之自外乎〔三〕？故「能近取譬」者，仲尼所以示子貢以爲仁之方也。醫書有以手足風頑謂之四體不仁，爲其疾痛不以累其心故也。夫手足在我，而疾痛不與知焉，非不仁而何？世之忍心無恩者，其自棄亦若是而已。

〔二〕人，原脱，清鈔本、四庫本同，據程氏遺書補。
〔三〕自，原作「身」，清鈔本、四庫本同，據程氏遺書改。

一物不該，非中也；一事不爲，非中也；一息不存，非中也。何哉？爲其偏而已矣。故曰：「道也者，不可須臾離也，可離非道也。」脩此道者，「戒慎乎其所不睹，恐懼乎其所不聞」而已。由是而不息焉，則「上天之載，無聲無臭」，可以馴致也。君子之於中庸也，無適而不中，則其心與中庸無異體矣。小人之於中庸，無所忌憚，則與戒慎恐懼者異矣，是其所以反中庸也。

責善之道，要使誠有餘而言不足，則於人有益，而在我者無自辱矣〔一〕。

按：以上見二程遺書第四卷。

問文中子「圓者動，方者静」。先生曰：「此正倒説了。静體圓，動體方。」

問：「管仲設使當時有必死之理，管仲還肯死否？」曰：「董仲舒道得好：『惟仁人，正其義不謀其利，明其道不計其功。』」

問「知崇禮卑」。曰：「崇的便是知，卑的便是禮。」

問：「『充塞乎天地之間』，莫是用於天地間無窒礙處否？」曰：「此語固好，然孟子却是説氣之體。」

〔一〕自，原脱，清鈔本、四庫本同，據程氏遺書補。

問「寢不尸」。曰：「毋不敬。」

因論「持其志」。先生曰：「只這個也是私，然學者不恁地不得。」按：論「持其志」，何以云「只這個也是私」。此條恐有脱誤。

古者大享，夫人有見賓之禮。南子雖妾，靈公既以夫人處之，使孔子見，於是時豈得不見？

「天且不違，況於鬼神乎？」鬼神言其功用，天言其主宰。

「天下雷行，物與无妄。」先天後天，皆合乎天理也，人欲則僞矣。

「古人善推其所爲而已矣。」此特告齊王云爾，聖人則不待推。

仲尼聖人，其道大。當定、哀之時，人莫不尊之。後弟子各以其所學行，異端遂起，至孟子時〔二〕，不得不辨也。

「歲寒，然後知松柏之後彫。」只取堅不變之義。

「鼓萬物而不與聖人同憂。」聖人有爲之功，天地不宰之功〔三〕。

〔二〕時，原脱，清鈔本、四庫本同，據程氏外書第八補。
〔三〕不，原作「主」，據清鈔本、四庫本及程氏外書改。

孔子之時，周室雖微，天下諸侯尚知尊周爲義，故春秋之法以尊周爲本。至孟子時，七國爭雄，而天下不知有周。然而生民塗炭，諸侯是時能行王道，則可以王矣。蓋王者，天下之義主也。故孟子所以勸齊之可以王者，此也。

初見先生，次日先生復禮，因問安下飯食穩便。因謂「君子食無求飽，居無求安」，顔子簞瓢陋巷，不改其樂。簞瓢陋巷何足樂？蓋別有所樂以勝之耳。

問：「佛戒殺生之説如何？」曰：「儒者有兩説。一説天生禽獸，本爲人食。此説不是，豈有人爲蟣虱而生耶？一説禽獸待人而生，殺之則不仁。此説亦不然。大抵力能勝之者皆可食，但君子有不忍之心爾。故曰：『見其生不忍見其死，聞其聲不忍食其肉，是以君子遠庖廚也。』舊先兄嘗見一蝎，不忍殺，放去。頌中有二句云：『殺之則傷仁，放之則害義。』」

「敬以直内，義以方外」，與「德不孤」一也。爲善者以類應，「有朋自遠方來」，「充之至於塞乎天地」，皆「不孤」也。

伯夷，孟子言其迹得聖人之清，孔子言清而有量，故曰：「不念舊惡，怨是用希。」又曰：「求仁而得仁，又何怨？」若曰「餓于首陽之下」，但不食周粟，貧且餓爾。非謂不食周粟，至於采薇而食之，如史遷之説也。

樂隨風氣，至韶則極備。若堯之洪水方割，四凶未去，和有未至也。至舜以聖繼聖，治之極，和之至，故韶爲備。

舜巡狩，每五載一方。按：此説與虞書所紀不同。

仁在己，讓不可也。若善名在外，則不可不讓。

管仲不死，觀其「九合諸侯，不以兵車」，乃知其仁也。若無此，則貪生惜死，雖「匹夫匹婦之諒」亦無也。

按：以上見二程外書卷三十二。

游定夫先生集卷六

遺文

按墓誌云：「文集十卷，藏於家。」今文遠刻本止文八首、詩十三首，則遺佚者多矣。

奏士風疏[一]

天下之患，莫大于士大夫至于無耻，則見利而已，不復知有他，如入市而攫金，不復見有人也。始則衆笑之，少則人惑之，久則天下相率而效之，莫知以爲非也。士風之壞，一至于此，則錐刀之末，將盡爭之。雖殺人而謀其身，可爲也；迷國以成其私，可爲也。草竊姦宄，奪攘矯虔，何所不至，而人君尚何所賴乎？古人有言：

〔一〕奏士風疏，清鈔本、四庫本作「論士風奏疏」。

「禮義廉耻，謂之四維，四維不張，國非其有也。」今欲使士大夫人人自好，而相高以名節，則莫若朝廷之上，倡清議于天下。士有頑頓無恥，一不容于清議者，將不得齒于縉紳，親戚以爲羞，鄉黨以爲辱。夫然，故士之有志于義者，寧饑餓不能出門户，而不敢以喪節；寧阨窮終身不得聞達，而不敢以敗名。廉耻之俗成，而忠義之風起矣，人主何求而不得哉？惟陛下留意。[一]

孫莘老易傳序

易之爲書，該括萬有，而一言以蔽之，則「順性命之理」而已。陰陽之有消長，剛柔之有進退，仁義之有隆污，三極之道，皆原於一而會于理。其所遭者，時也；其所託者，義也；其所致者，用也。知斯三者，而天下之理得矣。斯理也，仰則著於天文，俯則形于地理，中則隱于人心。而民之迷日久，不能以自得也，冥行于利害之域，而莫知所向。聖人有憂之，此易之所爲作也。伏羲象之而八卦成，文王重之而

[一] 此文左原録有陳太平策一文，非游酢所撰，作者爲元鄭介夫，收入歷代名臣奏議卷六十七。和州本誤收集中，清鈔本、四庫本不録此篇。本次整理將其移入點校本附録中。

則易之書不遺餘旨矣。蓋將領六爻具，周公繫之辭，仲尼訓其義。自伏羲至仲尼，天下於中正之塗，而要于時措之宜也。居則觀象而玩辭，動則觀變而玩占，以研心則慮精，以應物則事舉。天且助之，人且與之，而何凶咎之有？故曰「是興神物，以前民用」，又曰「因貳以濟民行」，此四君子之用心也。孫公莘老，少而好易，常以是行己，亦以是立朝，或進或退，或語或默，或從或違，皆占於易而後行也。晚而成書，辭約而旨明，義直而事核，又將與學者共之，蓋亦先聖之所期，豈徒爲章句以自名家而已。此先生傳易之意也，學者宜以是觀之。

家譜後序

往酢從事於伊川程夫子之門，謂「儒者之道，首在敦倫睦族」，謹書諸紳，以誌不諠。富哉言乎！昔姬公陳詩以告孺子，王必丕揚其祖德，非獨「紹聞衣德言」，亦以「啓佑我後人」也。然而難言之矣。宗族之壞，每在數傳而後，其間保無一二式微。世世雷同附和者，或高、曾皆不可問，舉一勳名爛然、絶無干涉之人奉以爲吾祖，吾祖也恥孰甚焉。獨吾族不然。吾族於春秋時最顯。粤我先人，博物洽聞，顯名於諸侯，澤潤生民，與東里子産並傳不朽，如傳稱子太叔者是也；迨伯度公佐魏，卓卓著功業；伯始公繼起，風裁高峻，節烈矯然，世奉爲日星河嶽，蓋亦後先濟美者矣；再傳簡之公，爲唐南豐令，多所膏澤及於民，至今廟祀不衰。自時厥後，本朝太平興國間，簪纓朱芾，蟬聯至今。巨族之稱，由來尚矣。酢膺祖、父之休，承乏俎豆，而顧使先人之澤散佚無傳焉，是誰之咎哉？獨不敢少有侵假，使支系混淆〔二〕，世次紊亂，蹈雷同附和之譏。是編之葺，兄醇倡其事，酢用成之，則惟以別其流者澄其源，庶無負乎敦倫睦族之訓也已。若謂光前人之烈，以垂裕後昆也，則吾豈敢？按公裔孫文遠刻本注云：「見省城譜序，嗣考。竊玩此文，與他文不類，似非公所作也。」

書明道先生行狀後

先生道德之高致，經綸之遠圖，進退之大節，伊川季先生與門人高弟既論其實矣，酢復何言？謹拾其遺事，備採録云。先生生而有妙質，聞道甚蚤。年逾冠，明誠夫

〔二〕使，清鈔本、四庫本作「令」。

子張子厚友而師之。子厚少時自喜其才，謂提騎卒數萬，可横行匈奴，視叛羌爲易與耳，故從之游者，多能道邊事。既而得聞先生論議，乃歸謝其徒，盡棄其舊學，以從事於道。其視先生，雖外兄弟之子，而虛心求益之意，懇懇如不及。逮先生之官，猶以書抵扈，以「定性未能不動」致問。先生爲破其疑，使内外動静道通爲一，讀其書，可考而知也。其後子厚學成德尊，識者謂與孟子比，然猶秘其學，不多爲人講之。其意若曰：「雖復多聞，不務畜德，徒善口耳而已。」故不屑與之言。先生謂之曰：「道之不明於天下久矣，人善其所習，自謂至足，必欲如孔門『不憤不啓，不悱不發』，則師資勢隔，而先王之道或幾乎熄矣。處今之時，且當隨其資而誘之。雖識有明暗，志有淺深，亦各有得焉，而堯、舜之道，庶可馴致。」子厚用其言，故關中學者躬行之多，與洛人並。推其所自，先生發之也。擢爲御史，睿眷甚渥，亟承德音，所獻納必據經術，事常辨於蚤而戒於漸。一日，神宗縱言及於辭命。先生曰：「人主之學，唯當務爲急，辭命非所先也。」神宗爲之動顔。會同天節，宮嬪爭獻奇巧，爲天子壽。先生既言於朝，又顧謂執政戒之。執政曰：「宮嬪實爲，非上意也，庸何傷？」先生曰：「作淫巧以蕩上心，所傷多矣，公之言非是。」執政辭遂屈。是時有同在臺列者，志未必同，然心慕其爲人，嘗語人曰：「他人之賢者，猶可得而議也。乃若伯淳，則如美玉然，反復視之，表裏洞徹，莫見疵瑕。」先生平生與人交，無隱情，雖僮僕必託以忠信，故人亦不忍欺之。嘗自澶淵遣奴持金詣京師貿用物，計金之數可當二百千。奴無父母妻子，同列聞之，莫不駭且誚。既而奴持物如期而歸，衆始歎服。蓋誠心發於中，暢於四肢，見之者信慕，事之者革心，大抵類此。先生少長親闈，視之如傷，又氣象清越，灑然如在塵外，宜不能勞苦；及遇事，則每與賤者同起居飲食，人不堪其難，而先生處之裕如也。嘗董役，雖祈寒烈日，不擁裘，不御蓋。時所巡行，衆莫測其至，故人自致力，常先期畢事〔二〕。異時夫伍中夜多譁，一夫或怖，萬夫競起，姦人乘虛爲盜者，不可勝數，先生以師律處之，遂訖去無譁者。及役罷夫散，部伍猶肅整如常。初至鄠，有監酒税者，以賄播聞，然怙力文身，自號能殺人，衆皆憚之，雖監司州將不敢發。先生至，將與之同事。其人心不自安，輒爲言曰：「外人謂某自盜官錢，新主簿將發之，某勢窮〔三〕，必殺人。」言未訖，先生笑曰：「人之爲言，一至於此。足下食君之禄，詎肯爲盜？萬一有之，

〔二〕常，原作「嘗」，清鈔本、四庫本同，據程氏遺書附録改。
〔三〕某，原作「其」，據清鈔本、四庫本及程氏遺書改。

將救死不暇，安能殺人？」其人默不敢言，後亦私償其所盜，卒以善去。州從事有既孤而遭祖母喪者，身爲嫡孫，未果承重。先生爲推典法意，告之甚悉，其人從之，至今遂爲定令，而天下縉紳始習爲常。蓋先生御小人，使不麗於法；助君子，使必成其美，又大抵類此。先生雖不用，而未嘗一日忘朝廷。然久幽之操，確乎如石，胸中之氣沖如也。所至，士大夫多棄官從之學，朝見而夕歸，飲其和，茹其實，既久而不能去。其徒有貧者，以單衣御冬，累年而志不變、身不屈。蓋先生之教，要出於爲己。而士之游其門者，所學皆心到自得，無求於外。以故甚貧者忘饑寒，已仕者忘爵禄，魯重者敏，謹細者裕，强者無拂理，愿者有立志，可以脩身，可以齊家，可以治國、平天下。非若世之士，妄意空無，追咏昔人之糟粕，而身不與焉，及措之事業，則倀然無據而已也。方朝廷圖任真儒以惠天下，天下有識者謂先生行且大用矣。不幸而先生卒。嗚呼！道之行與廢，果非人力所能爲也？悲夫！哭而爲之贊曰：

天地之心，其太一之體與！天地之化，其太和之運與！確然高明，萬物覆焉；隤然博厚，萬物載焉，非以其一與！陽自此舒，陰自此凝，消息滿虚，莫見其形，非以其和與！夫子之德，其融心滌慮，默契於此與！不然，何穆穆不已，渾渾無涯，而能言之士莫足以頌其美與！嗟乎！孰謂此道未施，此民未覺，而先覺者逝與！百世之下，有想見夫子而不可得者，亦能觀諸天地之際與！

跋陳居士傳

昔揚子雲稱蜀人之賢，以李仲元爲「畏人」。想見其人，信順之氣積於中而暢於外，蓋黄叔度之流。惟以生於遠方，不聞於中原士大夫，獨因雄書而名載於後世。今陳居士含德隱厚，沈溟於七閩之下邑，未有能知之者。吾友中立爲發其藴，以詔其子孫〔一〕。吾知其與仲元俱不朽矣。此於名教豈小補哉？政和二年孟夏中澣書。

宣義胡公墓誌銘

公諱淵，字澤之，姓胡氏。其先江南人，唐末避地於建州崇安之籍溪。曾祖敏、祖容，皆率德不耀。父罕，負氣節，重然諾，鄉鄰有競者，不決於有司，而聽其一言。

〔一〕詔，清鈔本、四庫本作「紹」。

環左右數百家，終歲無訟。資産本饒給，群從數數稱貸，無所償，以故致空匱，怡然終不恨。公生而聰敏，丱歲能綴文。及冠，試於有司，不與選，而益務强識，下至陰陽卜筮之書，無不精究。親老家貧，於是往來授學江浙間。歲終，度父母所須，力能致者，盡市歸以獻，退無私焉。丁外艱，母有末疾，不復遠遊。里閈教生徒，晨夕歸省，祈寒暑雨不移晷。每諸生饋食，有鮮肥，悉持歸以佐母膳。母憐其誠，爲之强進，而疏食飲水，躬自安之。既永感，晚寓江湖間而家焉。歲時追慕，常欲歸省墳壠。子孫以年高力諫止之。公曰：「吾少不能致禄養，一恨也；晚以貧故，不能處先廬、終灑埽，二恨也。今雖七十，筋力猶健，得一歸上塚，死且瞑目矣。」既歸，表識阡原，補植松檟，徘徊顧瞻，一慟而去。行道爲之惻楚。以子通籍，再封宣義郎。宣和元年十一月壬子卒於所居之正寢。子男五人：二蚤卒；安國，朝奉郎，新差權發遣提舉江南東路學士；安止、安老，皆幼。女二人：長適宿州教授范舜舉，次在室。孫男女四人，完貢入太學。方慶曆、皇祐間，書籍多未刊，皆手傳。公爲兒童時，父所傳書於同鄉僊洲吴居士之家。居士閲其所寫論語，字體謹慎，終二十篇文無誤。又視瞻凝審，重歎賞之。有女未嫁，聰睿少倫，讀書能探微旨，爲擇對，不輕許。察公端慤，特以妻之。公既資純孝，又得賢配，相與竭力以事其親。雖庀窮貧窶，而閨門之内雍如也。初，安國典教荆州，數與守忤。公知其性峻，促使求田問舍。而夫人又每誠其子曰：「人患無德義耳，汝慎無得以生事累其心。」公乃自爲葺廬舍，買田數頃，語妻孥曰：「古者人有恒産，故士不仰禄。今之宦遊者，率低徊飄廩，以自負於義，一招廢斥，置父母妻子於飢寒，恝然無念，可乎？」居無何，其子使湖外，論薦隱士，屬吏訴之，以爲所薦者黨人鄒公浩所囑，而故相范公之門人也。坐是除名，歸而託於所葺之田廬，安處無外營，親舊乃知公識微而慮遠也。後朝廷復其子官總益部，而涉遠道，歷險塗，恐難以奉安輿，將歸，誠控聞，又恐不知者隨而媒孽之，以貽親憂，躊躇未決。公察其意，乃曰：「世間禍福，非人謀所及，汝自擇於義，可也。」卒聽其子棄官就養，處約雖久，訖無悔辭。自其子入官，盡斥其俸餘以贍兄弟之子，又取其子而教之，激其惰而揚其能，必欲成就而後已。臨終，語安國曰：「儒者特立獨行，不加少以爲多，汝當以古人自期。」言訖而逝。次年庚子三月辛酉，其子遵治命，以公入夫人之兆。將葬，來請銘。銘曰：

孰不爲事，事莫嚴於親；孰不爲守，守莫先於身。惟此兩者，公得之於己，而又以成其子之仁。少也文詞發策上第，壯也學行望隆縉紳，而且惕然内省，力久不息，以要於古人，則公之子也。公誰與倫？

朝奉郎彭公墓志銘

君諱衛，字明微。其先吉州廬陵人。曾祖諱程。祖諱應求，仕爲太子中允，贈刑部尚書。父諱思永，爲御史中丞，以鯁亮稱天下，贈左光禄大夫。母普寧郡太君晏氏，元獻公弟尚書户部侍郎融之女也。光禄將告老，愛歷陽江山之勝，君承志，築室居焉，故今爲和州人。君少謹厚，讀書不爲科舉謀，光禄器之，亦不迫也。皇祐中，補太廟齋郎，君慕戀庭闈，久之不赴調。至和中，光禄漕成都，以恩乞監鳳州酒，二年避親罷。後光禄帥瀛，再乞趙州判官。君遲遲未行，光禄諭之曰：「瀛、趙相望，隨牒可數歸，與在我側不異也。」君慮違親意，乃赴官。會州將武人不閑民事，易以言辱人，君委曲彌縫，數月而郡務理。面欲薦之，君力辭，以與外邑之垂緘者，州將歎服。甫踰年，丐侍養，優游親側。又十餘年，光禄捐館舍，居喪哀毁，以孝聞。奉普寧温清，未嘗一宿離左右，有不安節，則日夜侍醫藥，雖祁寒酷暑不解帶，而普寧非君操藥亦不嘗也。王荆公屏居金陵，習聞而賢之，逮守金陵，欲辟置幕府，君謝不願也。熙寧中，淮南轉運使楊公汲知君不肯去親側，薦爲和州推官。初不以告，及命下，君駭曰：「我棄官養親有年矣，和雖吾居，而職官行役不可免，如離親何？」遂不拜，自此有歸田意。元豐四年，以宣義郎致仕。乃於所居之西營地數畝，蒔花竹，構亭榭，爲悦親之所，每歲時宴適其中。名卿賢大夫聞者，莫不稱頌，或作詩讚其美。故相范公堯夫守和州，數載酒相與遊，遂結姻好焉。及太夫人終，君年已六十，毁瘠甚，族黨憂其不勝喪。哲宗登極，恩遷宣德郎。今上嗣服，遷通直郎。以子通籍，封奉議郎。上受八寶，遷承議郎。又以子封朝奉郎。以大觀四年四月十七日終於正寢，享年七十六。君在趙州日，民之鬻蔬者，例出蔬供郡官，以免身役。君聞知其説，義欲不取，而惡違衆也，告園丁曰：「我家食蔬少，爾持歸鬻之，積錢爾家，待我終更併取也。」訖去不復問。其清畏人知如此。初，光禄守當塗，故相蔡韓公時爲繁昌令，微涉吏議，部使者按之急，光禄爲言以免，又力薦而成就之。及韓公當國，念念有報德意，君杜門晦疾，不與通。其不求利達如此。性嗜經史，雖老不倦，得意處往往忘盥櫛、廢寢食。至於古人奇節美行，亹亹成誦，仍以訓子孫，使思齊也。平生託於正直，故不事祠禱；篤於名教，故不延桑門；安於義命，故不喜占算。終之日，蚤起，命子孫燕集，誨語終日。是夕，以微疾逝。娶張氏，封崇德縣君，先卒。子男八人：誠，文林郎；諏，承議郎；詢，通仕郎，蚤世；訢，儒林郎；諲、詳、諶、誂，并舉進士。女五人，皆適名家。孫男女十八，曾孫男女二人。以大觀四年十月十四日葬於歷陽之長壽鄉延慶里蓮花岡先塋之左。先是誠等來請銘，余嘗謂君當於古人中求之，故喜爲之銘。銘曰：

勢利之域，萬夫駿奔。孰旋其輈，優及聖門。君初入官，人致其力。荆偉其操，韓則懷德。兩相知之，膴仕可期。就養如曾，一夕不離。蚤歲投簪，耽翫六籍。會意如陶，欣然忘食。孺慕不衰，書淫以老。匪激匪求，從吾所好。彼高者原，松柏如櫛。神將護之，吉士之室。按：和州陳廷桂歷陽典録補載此文，注云：「見游定夫詩文集。」而文遠本未載，今補附於此。

祭陳了翁文

嗚呼陳公！萬夫之傑。大虛無塵，心疑知徹。經綸大猷，如挈裘領。灼知幾先，眇綿作炳。慮遠而知者疑，言危而弱者警。蓍龜有稽，可觀而省。嗚呼陳公！知事道而已，不知鼎鑊之臨其顛也；知殉國而已，不知陷穽之横其前也。阨之白首，而氣愈和；蹙之死地，而志愈堅。處約彌久，妻孥裕然。畎畝念忠，頂踵利物，人疑其爲墨；平生拯飢，任重一身，吾知其爲稷。行道之人，聞者心惻。意者天將降之大任而空乏其身耶？意者吾君將追念其篤誠，發獨斷而收之以澤斯民耶？嗚呼！孰謂流離川塗邅迴萬狀，而淪于淮楚之濱耶？嗚呼！孰謂謀猷可以託心腹、膂力可以任股肱，而志願卒不伸耶？浩浩元精，慘不知其因耶？歲首之書，後訃而達。執書一慟，骨驚心折。嗚呼陳公！蓋將有哲人能盡知而賢之，有志士能慷慨而言之，有仁人能經紀其家而存之，有良史能具載其實而傳之〔二〕。區區鄙詞，曷足以涉其流而泝其源乎？寓奠一觴，聊薦悃愊。東望傷懷，淚落橫臆。尚饗！

〔二〕史，原作「吏」，據清鈔本、四庫本改。

遺詩

餞賀方回分韻得歸字

邀客十分飲，送君千里歸。情隨緑水去，目斷白鷗飛。松菊今應在，風塵昔已非。
維舟後夜月，能不重依依。

歸鴈

天末驚風急，江湖野思長。悲鳴愁絶塞，接翼冒風霜。澤岸多矰弋，雲間乏稻粱。
茫然棲息地，飲啄欲何鄉。

感事

世事浮雲薄，勞生一夢長。散材依櫟社，幽意慕濠梁。風急鷹鸇迅，霜殘草木黄。
投閒如有約，早晚問耕桑。

春日山行有感

十里橋西别有天，青山欲斷翠雲連。園林寂寂鹿爲友，野服翩翩儒亦仙。風詠舞雩正此日，雪飄伊洛是何年。追尋往事頓成夢，回首春光倍黯然。

遊寶應寺

崒嵂三峰帶白灣，誰開蘭若翠微間。竹牀雲嬾禪心定，草徑苔荒屐齒斑。天入碧嵐成玉宇，鳥飛青嶂出塵寰。此中即是蘂珠境，遮莫閒吟一解顔。

寶應寺讀書堂成因懷明道先生

橋西積雪度新晴，卜築茅堂快落成。郁郁奇花鋪野趣，關關好鳥和書聲。春濃嵐色無邊景，水淨天光徹底清。記得程門窗草緑，至今遐想每馳情。

題河清縣廨

小院閑亭長薜蘿，鹿來穿徑晚經過。夕陽蕭散簿書少，窗裏南山明月多。

水亭

清溪一曲繞朱樓，荷密風稠咽斷流。夾岸垂楊烟細細，小橋流水即滄洲。

在潁昌寄中立

絳帷燕侍每從容，一聽微言萬慮空。卻愧猶懸三釜樂，未能終此挹清風。

蕭條潁一茅廬，魂夢長懷與子居。五里橋西楊柳路，至今車馬往來疏。

登歸宗巖

奇冠南閩此最奇，歸宗千古是誰歸。至今來訪誰先至，知是曹劉先我知。

誨子

三十年前宿草廬，五年三第世間無。門前獬豸公裳在，只恐兒孫不讀書。按公裔孫文遠刻本注云：「嗣考。竊疑此詩語意矜張鄙陋，似未必爲公所作也。」

山中即景

翠靄光風世界，青松緑竹人家。天外飛來野鳥，澗中流出桃花。

游定夫先生集卷末

附録

按：舊本附録，詩文甚多，今以其非大儒之言，不必著録。至舊本集序及重修墓記，有關後世考證，故附著之。

祭游定夫文

楊時

嗚呼定夫！學通天人而時不用，道足濟天下而澤不加乎民。今其已矣，夫復何云。悵百年之永訣，猶想見其音塵。念昔從師同志二人，今皆淪亡，渺余獨存，雖未即死，而頭童齒豁，煢然孤立而誰憐？歎吾先生微言未泯，而學者所記多失其真，賴公相與參訂，去其僞謬，以傳後學。書往未復，而訃之及門。嗚呼！悲夫！宜任其責者復誰歟？斯文將泯滅而無傳歟？抱遺編而求之，悼此志之不伸。重念南北相望，不得憑棺一慟，徒隕涕而馳神。余言之悲，聞乎不聞。

建寧府學游御史祠記

朱熹

故監察御史游公，先生諱酢，字定夫，此邦之建陽人，而河南程氏之高第弟子也。徽廟初爲御史，未幾去，爲郡江淮間，又退而閒居。以卒隆興初元，歲在癸未。先生之歿，於是四十有一年矣。今敷文閣待制延平陳公，實爲此邦，謂德學之盛有如先生者，而無祠於其鄉之學，非獨鄉人子弟之過，長民者亦有罪焉。乃爲堂於府學之東偏，立像致祠，而以書屬熹，使記其意。熹辭謝弗堪，屢返而公不聽，於是退考舊聞，按龜山楊文靖公所爲先生墓誌之辭曰：「予元豐中受學明道先生兄弟之門，有友二人焉，曰上蔡謝顯道，公其一也。初，伊川先生以事至京師，一見公，謂其資可與適道。是時明道知扶溝縣事，先生兄弟方以倡明道學爲己任，設庠序，聚邑人子弟教之，召公來職學事。公欣然往從之，得其微言，於是盡棄故所習而學焉〔一〕。其後得邑河清，予往見之。伊川謂予曰：『游君德器粹然，問學日進，政事亦絕人遠甚。』於師門見稱如此，其所造可知矣。公自幼不羣，讀書一過目輒成誦。比壯，益

〔一〕故所習，朱文公文集卷七十七作「其學」。

自力，心傳目到，不爲世儒之習。誠于中，形於外，儀容辭令，粲然有文，望之知其爲成德君子也。其事親無違，交朋友有信，涖官遇僚吏有恩意，雖人樂於自盡，而無敢慢其令者。惠政在民，戴之如父母，故去則見思，愈久而不忘。若其道學足以覺斯人，餘潤足以澤天下。遭時清明，不及用而死，此士論共惜之，非予之私言也。所著書有中庸義、易說、詩二南義、論孟雜解各一卷，文集十卷，藏於家。」蓋楊公所記如此。熹惟知先生之深，而言足以合其德且信於後，宜莫踰於楊公者。然則先生之道學德行，於此可以觀其詳矣。又念每獲侍坐於陳公，而聞其語先正忠肅公之與先生遊也，笑談論議，書疏辭章，昔所親見而聞之者，至今尚能誦之。其雍容俯仰之間，又能併得其深微之意，使聞者怳然若將復見其人焉。此其於先生之道如何哉！然則公之所以命祀先生，蓋將推其所得於己者，以幸教此邦之人，非徒致欽慕之意，以修故事而已也。熹既不獲終辭，乃悉論著楊公本語，而不敢輙贊一辭於其間，且復揆公指意所出者如是而并書之，以承公命，庶乎其可幸無罪云耳。嗚呼！先生遠矣，學者登是堂而拜其像，於是記也考其師友之淵源，退訪其書而讀之，於以求先生之所以學者果惡乎在，幸而有以自得之，則亦無以異乎親而炙之矣。詩曰：「人之好我，示我周行。」又曰：「高山仰止，景行行止。」熹雖不敏，願與承學之士勉焉，以無忘陳公之德也。

游胡二先生祠堂記

張栻

學者博觀載籍，尚論古人，考迹而有以觀其用〔二〕，察言而有以求其心，則其相去久遠，雖越宇宙，猶恨其不得身親而炙之，而況接吾耳目，近出鄉黨，而模範典型足以師表後學者哉〔三〕。建之爲州，素稱多士，近數十年之間，御史游公、文定胡公相繼而出，模範典型皆足以師表後學〔三〕，而接於其人之耳目，又未有若是其近者也。是以比歲以來，爲政而知務者，繼立二公之祠於學宫，其所以開示學者，尚論古人，先於其近者之意亦云切矣〔四〕。蓋隆興癸未，知府事陳侯正同始祠游公於東廡之北

〔二〕迹，原作「述」，據張南軒先生文集卷十一改。
〔三〕〔三〕「模」字前張南軒先生文集有「其」字。
〔四〕先於，原作「充」，據張南軒先生文集改。

端〔一〕。後六年，轉運副使任侯文薦、判官芮侯煇〔二〕又以邦人之請命祠胡公，且徙游公之祠爲東西室於堂上，未畢而皆去。又五年，今轉運副使沈侯樞始因其緒而卒成之，而教授王定方遂以書來屬栻爲記〔三〕。栻生晚矣〔四〕，雖不及見二公而躬拜之〔五〕，然論其言行，以與同志者共講之，則亦區區之願也。昔者竊聞之，二程先生兄弟倡明道學於河南，東南之士受業於門，見推高弟者有三人焉〔六〕，曰上蔡謝公，龜山楊公，而游公其一也。伊川先生嘗稱其「德器粹然，問學日進，政事亦絶人遠甚」。而楊公亦謂公「心傳目到，誠於中，形諸外，儀容辭令，粲然有文，望之知其爲成德君子也〔七〕」。元符三年冬，爲察院御史〔八〕，旋出守郡，事業不得大施，獨有中庸論孟説垂

〔一〕「端」後原衍「平」字，據張南軒先生文集删。
〔二〕「副」字原脱，「侯」字原作「公」，「煇」字原作「華」，據張南軒文集補改。
〔三〕〔四〕栻，張南軒先生文集作「某」。
〔五〕張南軒先生文集無「見」字。
〔六〕張南軒先生文集無「者」字。
〔七〕之，張南軒先生文集作「而」。
〔八〕察院，張南軒先生文集作「監察」。

於世。考其師友所稱，味其話言所傳，則夫造道之深，流風之遠，蓋有可得而推者矣。至若胡公，雖不及河南之門，然與游公及謝、楊二君子游，而講明論説[一]，自得之奥在於春秋。彼遇明時[二]，執經入侍，正大之論竦動當世，所以扶三綱，明大義，抑邪説，正人心，亦可謂有功於斯文矣。夫以二公之賢，所立如此，是豈獨建人所得私以爲其鄉之先生哉？今姑以其模範典型接於耳目而論之，則即夫建學而立祠焉，亦其事之宜耳。自今以來，凡建人之游於學，與夫四方之士往來而有事於建之學者，瞻二公之在此堂也，必將端然於中[三]，知所敬慕，退而考其言行，以遡其師友之淵源，即其所至，而益究其學問之無窮[四]，則聖賢之門牆，庶幾其可循而入矣。然則爲是祠者，夫豈徒然而已哉？

[一] 明論，張南軒先生文集作「於其」。
[二] 彼，張南軒先生文集作「被」。
[三] 端，張南軒先生文集作「竦」。
[四] 其，張南軒先生文集作「夫」。

漢陽軍學五先生祠堂記

黄榦

嘉定八年冬十有一月，漢陽軍學五先生祠堂成，郡假守長樂黄榦帥其屬與在學之士，諏日而舍奠焉，郡文學金華潘衍與其諸生合詞而請記。竊惟成均之法，合國子弟，擇有道德者使教焉，殁則祭于瞽宗，謂之先聖先師。國無人，則取諸其鄰與其鄉鄰而嘗遊宦于其國、有善可紀者，亦祀之。若孔子、孟子及其門人，則又不必其鄉鄰遊宦，而祀典所秩，通于天下。此學校之所同，未有能易焉者也。漢陽爲郡，訪之于學，常祀之外，乃咸無焉。其江山之勝，習俗之爈，禹功文化，載于詩書，士生其間，卓然自立者，固不乏人，豈懷道抱德，深藏不市，尸而祝之，不可得耶？二程子以道學繼孔孟不傳之緒，生于黄陂，爲漢陽鄰壤。其門人游氏嘗守是邦，程子稱其「德器粹然，學問日進」，則取諸其鄰，與嘗所遊宦者，不可以莫之舉也。即師生以原學之所自傳，則濂溪周先生實倡其始；又即周、程之學以究其所以光明盛大，則新安朱先生實成其終。此五先生之祠所以立，而學之文物始備矣。夫道統之傳，自堯、舜、禹、湯、文、武、周公，躬是道以化天下。周之衰，斯道不行，孔子、孟子及其門人相與推明之。秦漢以來，且千有餘歲，洙泗之遺緒已墜而復振，非五先生之力歟？則五先生者，自當與孔孟之徒通祀于學校。況又其遺跡之可考，則合而祀之，使此邦之士，知道統之有傳，聖賢之可慕，顧不偉歟？當斯文晦蝕、遺編殘脱之餘，天運有開，名儒繼出，以高明之資、强毅之志，剖析毫釐，張皇幽眇，著之圖書〔一〕，炳如日月。今之學者，蓋不待窮探力索，可以目擊而道存焉。然士風之壞久矣。遊于學校者，非科目不習也，此豈士之罪哉？漢陽之士，入其門，升其堂，孔孟之徒森乎其前，五先生之祠列乎其後，尊其人，讀其書，明其道，心之所存，身之所履，必有以超然自得者。則夫有道有德，下以教國之子弟，上以紹諸儒正統之傳，豈其無人歟？豈其無人歟！遂爲之記，以授其學者，俾勒石于庭，以俟明年。正月元日謹記。

祭建安游先生祝文

黄榦

維嘉定八年歲次乙亥十又二月乙酉朔六日庚寅，漢陽軍學五先生祠堂成，宣教郎權發遣漢陽軍兼管内勸農營田事提舉義勇民兵黄榦，謹率郡僚友諸生，釋奠于建安游

〔一〕著，原脱，據勉齋先生黄文肅公集卷十八補。

先生。先生「德器粹然，學問日進」，見稱于師；「清德重望，皎如日星」，見稱于友。流風餘韻，足以師範斯世；惠政在民，至于久而不忘。先生之于此，則遺澤固不淺矣。百餘年間，士風淳質，可與適道，非其效歟？然訪之學宫，祠貌猶缺，遺前賢之軌躅，泯後學之儀型。師帥之職[一]，得無曠歟？是用建祠，以舉墜典。敢告。

游廌山先生集序

左宰

先生程門高弟也。自二程夫子倡教洛中，闡先聖之道，從遊諸儒最多，而同時立雪者，首稱游、楊。比歸，程子目送之曰：「吾道南矣。」至今閩學之盛，埒於鄒魯，兩先生之功也。然伊川告楊子云：「游酢德器粹然，問學日進，政事亦絶人遠甚。」又云：「南劍州楊時雖不逮酢，然煞穎悟。」將毋游賢於楊乎？朱子嘗謂：「定夫事業不得大施，獨有中庸語孟説垂於世。攷其師友所稱，味其話言所傳，則夫造道之深，流風之遠，有可得而推者。」宰生也晚，未得爲先生之徒，然少讀經書，窺先生發揮精義，久心識之。兹者薄宦賢里，以瓣香來拜祠宇，肅瞻遺像，道貌偉然，登高以

[一] 帥，原作「師」，據勉齋先生黄文肅公集卷二十二改。

望，鷹山之村落星羅碁布，皆其子孫之故居也。紫陽稱其「流風餘韻足以師世範俗」者，詎止此哉？因語其苗裔曰：「孔孟之道，得二程而明，故朱子以二程繼聞知之統；二程之教，得游、楊而廣，故先儒以游、楊爲親炙之宗。我朝列聖相承，崇儒重道，釐訂學宫祀典，凡有功於六經、四子者，靡不徵文攷行，以發其幽光，使天下之士知所尊仰。而況先生所著，有中庸義、論孟雜解、易説、詩二南義各一卷，文集十卷，皆足羽翼經傳，發明聖道，其可朽蠹不傳於世乎？」適先生裔孫文遠取家藏舊本，重壽梨棗，深幸天下之讀是書者，可知所景從，更足以廣聖朝文教。余故敬表而出之，併以誌仰慕之萬一云。乾隆丙寅夏皖桐後學左宰敬撰。

重修和州游定夫先生墓碑記

方宗誠

宋儒游定夫先生，登元豐五年進士，徽宗時以監察御史出知和州，卒葬含山昇城鄉車轅嶺。今其地曰察院嶺，蓋以先生故得名，和州志詳載之矣。惟志表載先生知和州元豐時，與墓誌、年譜不同，豈失之未考耶？傳稱先生所莅「有惠政，民愛之如父母，去則見思，愈久而不忘」。伊川程子嘗稱其「德器粹然，問學日進，政事亦絶人」，朱子論述先賢，謂先生「清德重望，皎如日星，流風餘韻，足以師世範俗」。然則先生政績雖世久遠不可考，而固可想見其概焉。昔孔子言：「君子學道則愛人。」書曰：「學古入官，議事以制，政乃不迷。」世之以不學入政者，無論矣。嘗有學古而號爲政事之才，然終不遠於俗吏之所爲，何哉？則以其所學未明夫君子之大道也。故或愛民而失之姑容，或惡惡而失之嚴酷。或一意休養無明作有功之心，近於黄老之所爲；或欲興利除害而不能爲久大之規，徒局於一時急功近利之見。是皆非議事以制，而於聖人愛人之道未之有聞者也。先生初從河南兩程夫子游，受其微言要論，而躬行之，其爲政實得古人明德新民之意，故令人没世不忘如此。然則世嘗謂政不必本於學，學不必衷諸道，甚且以道學爲無用而詆諆之，遂使真儒之學不獲見於天下，豈非斯民之不幸也哉？先生墓故有垣與碑，其旁有祠，咸豐中燬於賊。同治五年，新化游子代刺史來牧是州，糾僚吏士民修易之，又捐俸買田若干畝，以永春秋祀事。謂予素慕先生者，屬爲記其顛末。予惟先生之學見於遺書，其醇德至行著于先儒之所紀述，至其所以治和之政蹟，則史傳未之詳焉。然而流風餘韻，至千百年猶令人過墓生欽而奮然興起，有不知其所以然者，此儒者之設施，所以異于尋常循吏之所爲也與。時同治五年桐城後學方宗誠撰。

點校本附録

四庫全書總目游廌山集提要

游廌山集四卷 福建巡撫採進本

宋游酢撰。酢字定夫，建陽人。元豐五年進士。建中靖國初，歷官監察御史。宣和初，終於知濠州。事蹟具宋史道學傳。楊時龜山集有酢墓誌銘，稱所著有中庸義一卷、易説一卷、詩二南義一卷、論語孟子雜解各一卷、文集十卷。年譜稱其「年二十九，録明道先生語。年四十一，録伊川先生語。年四十六，作論孟雜解、中庸義。年四十七，作易説、詩二南義」，而不言文集，蓋本各爲書也。此本首以論語雜解、中庸義、孟子雜解爲一卷，次易説、詩二南義爲一卷，次師語、師訓爲一卷，次以文七篇、詩十三首，附以墓誌、年譜爲一卷。又中庸義後有拾遺，孟子雜解僅八條，詩二南義僅二條。蓋後人掇拾重編，不但非其原本，且併非完書矣。春日山行詩中有『風詠舞雩正此日，雪飄伊洛是何年』之句，自用程門立雪故實，似亦不類酢作。以其爲宋儒遺書，别無他本，姑録之以備一家焉。

書游文肅公集後*

吾友方君存之爲新化游子代刺史攷訂游文肅集，證譌補缺，爲書六卷，雜録傳、志、譜、論，於卷首尾各爲一卷，較文肅裔孫文遠本加詳。中如論、孟、中庸諸條，皆録朱子論難之言於各條之下，使承學之士有所折衷。刻既成，以貽彭年。嘗攷朱子之書，於文肅諸書解義，既取其説之精者入精義、集注、章句、輯略，其説之未盡善者，則或當或否，詳剖而細論之，雜見於或問、語類之中。至其近於老、莊，流於釋氏，尤不少爲假借以辨異端之誤，而大吾道之防，可謂嚴矣。及觀朱子作文肅祠記，稱文肅德學之盛，欲學者攷師友之淵源，訪其書而讀之，以求文肅之所學，引詩「仰止景行」之詞，又幾如太史公之贊孔子，何哉？蓋大賢衛道之切，論道之精，與夫信而好古之心，莫非順乎好惡之本性，而折衷於大中至正之途，其用心明通公溥，未嘗有

* 録自哈佛燕京圖書館藏和州本游定夫先生集。

成見膠於其先，而苛論參於其後也。今之學者，挾其褊心，濟以偏私，一語之誤，輒詆全書。既詆其書，遂誣其學，旋謗其人，門户之習深而攻擊之志起，論學如此，不啻市人之囂、醉夫之詈，豈復存儒者氣象乎？吾友録朱子語於文肅集，其設心可謂勤，其爲教甚遠且大矣。同治七年，貴築黄彭年識於湘鄉寓舍。

卷首諸儒論述中，「自太學歸過扶溝見伊川問試期」一條，攷二程遺書卷四，乃文肅所録，中記「人有習他經舍而習戴記」一條，下注別本載謝顯道過扶溝事，正與此類。此本當因文肅所録，遂譌爲文肅事耳。粹言記程子言：「謝良佐因論求舉於方州與就試於太學，無以異，遂不復計較科舉。」觀程子言，足證非定夫事也。彭年又識。

陳太平策

直言臣某，欽惟聖朝布威敷德，臨簡御寬，極地際天，罔不臣服，混一之盛，曠古所無。三代以降，自周至今，二千年間得大一統者，惟秦、漢、晉、隋、唐而已。秦、隋、晉以貽謀不遠，旋踵敗亡，漢、唐雖傳數十世，其間又亂日常多，治日常少。古今一統，其難如此，而能保於長且久者，又難如此。毋謂四海已合，民生已泰，可以安意肆志，而不思否泰相因，離合相仍，大有可憂可慮者存也。若賈誼當漢文宴安之時，猶爲之痛哭，爲之流涕，爲之長太息。方今之世，恐更甚焉。安得如誼者復生，爲朝廷畫久安長治之策？今觀朝廷之上，大臣則悠悠然持祿而顧望，小臣則惴惴然畏懼而偷安。含胡苟且，以求自全之計；玩歲愒月，以希遷轉之階。詎肯奮不顧之身，出爲百姓分憂者？然或有之，又招疑速謗，不能自容於時矣。使賈生身今之時，目今之事，不知何如其痛哭流涕長太息也？高見遠識之士，雖以斧鉞在前，刀鋸在後，其能自已於言乎？某幼勤於學，長習於史，少有知者，欲緘默無言，則上負明時，下負所學。縱明目張膽，羅縷自陳，則不免束之高閣，否則爲刀筆吏、覆醬瓿而已。古語有曰：「樵夫之言，聖人擇焉。」又曰：「愚者千慮，必有一得。」或冀一言見聽，可爲涓埃之助云爾。如言而足取，則施之時政，必有所裨；言無可采，亦宜恕其狂僭，以來諫諍之路。輒以所見，列爲一綱、二十目，條陳於後，謹投中書省御史臺以聞，仰干宸聽，臣無任瞻天仰聖、激切屏營之至。其綱一，曰建儲。建儲一事，最爲當今急務。自三代殷周以來，人君即位之初，必先定儲嗣，所以示根本之固，杜覬覦之心也。欽惟皇帝陛下春秋鼎盛，德業方隆，億萬斯年，正當發軔之初，而拳拳愚忠，首陳建儲，則似不急不切。然揆古度今，未有如茲事之急且切也。今皇子天性聰明，嫡而居長，神人協贊，朝野歸心，宜蚤建儲宮，正名定號，所以尊崇宗社，所以培植國本，所以鎮安天下。聖朝萬世不拔之基，實係於此。賈誼曰：「天下之命，懸於太子。太子之善，在於蚤諭教與選左右。夫心未濫而先諭教，則化易成也」云云。古者建東宮，立太子，將以表異示尊，定民志，非泛然之美稱也。今諸王公子，例呼太子，嫡庶親疏，略無差別。晉申胤曰：「太子統天下之重，尚與諸王齊冠遠遊，非所以辯貴賤也。」同衣冠猶以爲不宜，況可同名號哉？云云。大綱既正，其餘事務次第舉行，則宗社幸甚！其目二十：曰任官，曰選法，曰鈔法，曰鹽法，曰備荒，曰厚俗，曰定律，曰刑賞，曰俸禄，曰求賢，曰養士，曰奔競，曰核實，曰户計，曰怯薛，曰僧道，曰邊遠，曰抑强，曰閱武，曰馬政。

圖書在版編目（CIP）數據

游定夫先生集 /（宋）游酢撰；郭曉東點校．—福州：福建人民出版社，2024. 12. —（八閩文庫）．

ISBN 978-7-211-09584-1

Ⅰ．B244.6-53

中國國家版本館 CIP 數據核字第 20243S9C31 號

游定夫先生集

作　　者：〔宋〕游　酢　撰　郭曉東　點校
責任編輯：陳廷熾
裝幀設計：張志偉
美術編輯：陳培亮
出版發行：福建人民出版社
電　　話：0591-87533169（發行部）
地　　址：福建省福州市東水路 76 號
經　　銷：福建新華發行（集團）有限責任公司
印刷裝訂：雅昌文化（集團）有限公司
地　　址：深圳市南山區深雲路 19 號
電　　話：0755-86083235
開　　本：890 毫米 ×1240 毫米　1/32
印　　張：6.5
字　　數：113 千字
版　　次：2024 年 12 月第 1 版第 1 次印刷
書　　號：ISBN 978-7-211-09584-1
定　　價：48.00 元